09

この本について

はぎれサイズで作れる小物を紹介しています。はぎれと言っても大きさはさまざま。2cmほどの小さな布でもお気に入りのものは捨てられないし、お店に行けば50cmの大きさもはぎれとして売られています。この本では1枚約30～40cmをはぎれサイズとしてその中で作れる小物を紹介しています。裏布などは大きなサイズのものもあります。小さなはぎれで小さなものを作るのはもちろん、はぎれでも縫い合わせれば大きなものも作れます。同じ布で作っている部分も、足りなければ別の布を組み合わせればもっとすてきになるかもしれません。布が足りないのではなく、布を接ぎ合わせてどうかわいくしようか、楽しく作ろうかを考えていただければと思います。

SDGsやエコの考えから、洋服を使った作品も掲載しています。もともとの洋服をいかすために30cm以上のサイズのものもあります。捨ててしまう前に布として考え、また新たなかわいい使い道を見つけてください。

お持ちの布で、アレンジして作ることを楽しんでいただければと思います。

小さなはぎれの効率的な使い方

縫い代0.7cmをつけることを考えて3cmと3.5cmの正方形にカット。縫い合わせると3cmは1.5cm角、3.5cmは2cm角の四角つなぎとして使えます（18ページ参照）。もう少し大きいサイズなら長方形（32ページ参照）に形を揃えるか、帯状にカットしておくとログキャビン（52ページ参照）にも使えます。捨てられない小さなはぎれはそのままの形ではなく、サイズを揃えてカットしておくと縫い合わせるときにもさっと使えて便利です。

シャツの解体

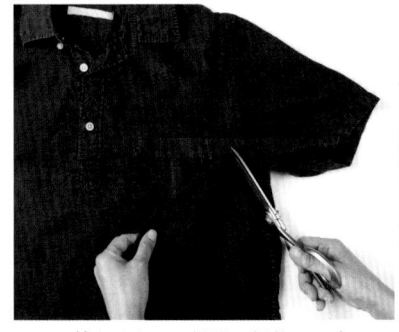

1 着なくなった洋服は解体して布の状態にしておきます。脇からはさみを入れ、袖をはずします。

2 襟をカットしてはずし、肩山にはさみを入れて前身頃と後ろ身頃をばらばらにします。

3 どのように解体してもかまいませんが、なるべく大きく使える布を残すようにカットすると無駄なく大事に使えます。

Contents
もくじ

小さめのはぎれ

6

8

9

12

13

14

15

16

18

19

22

23

24

26

27

28

29

30

31

32

33

34

大きめのはぎれ

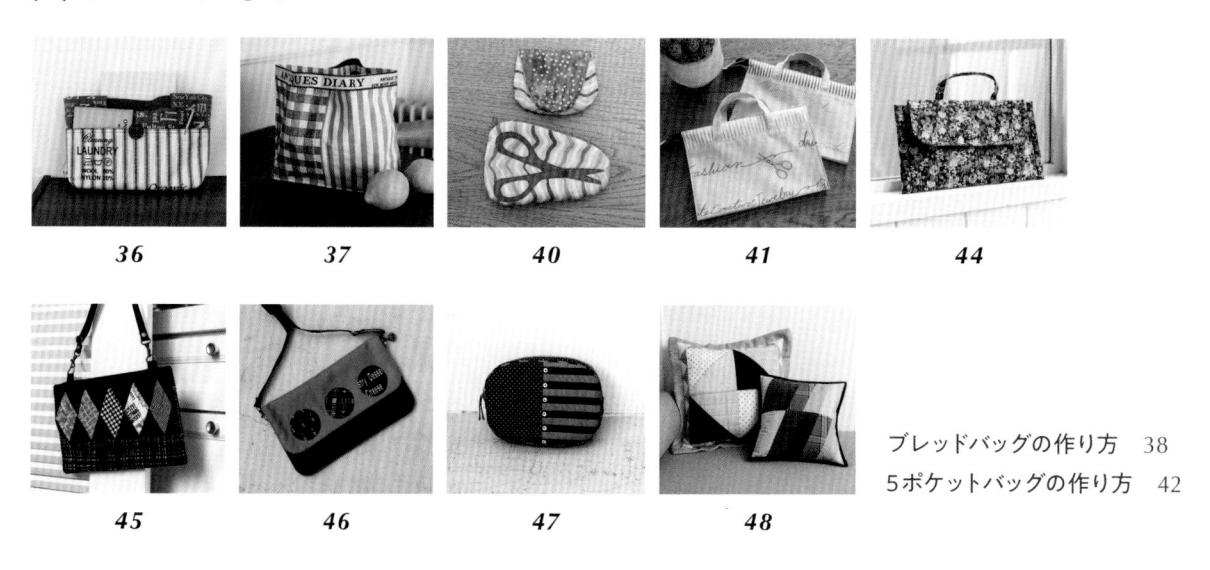

36   37   40   41   44

45   46   47   48

洋服を使う

50   52   54   55

楽しい形をいかす

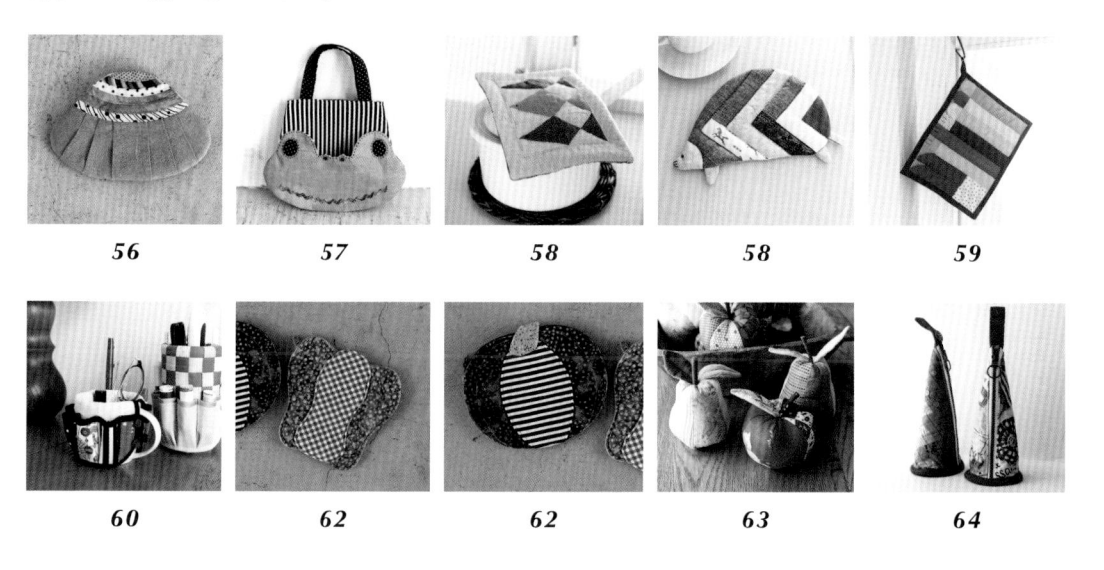

56   57   58   58   59

60   62   62   63   64

小さめ の はぎれ

何種類かの小さなはぎれを縫い合わせて本体にしたり、
デザインのポイントとして使っています。
カラフルでにぎやか。
はぎれの合わせ方にその人のセンスが出ます。

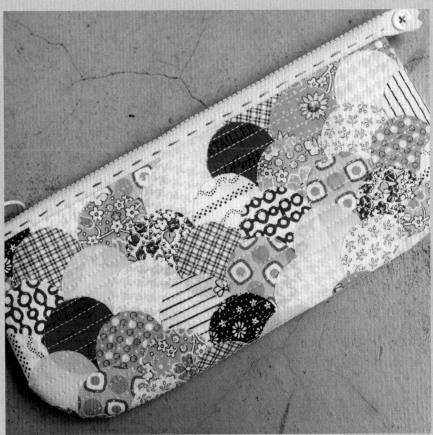

Point

丸くカットした布を
そのまま使うから
簡単

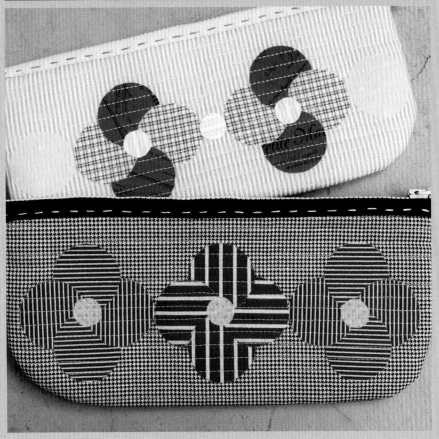

1

直径3.6cmに裁ち切りでカットした丸を重ねてかわいいクラムシェルと花の模様を作ります。裁ち切りのまま使っているのに端の始末をしなくても大丈夫なのは、丸の裏に両面接着シートを貼っているから。本体をまとめたあとに上から等間隔にステッチを入れます。外づけのファスナーにしたのも早く簡単に作れるアイデアです。ストライプの布を使うときは向きや布の重ね方で見え方が変わるのを楽しんでください。

11 × 24 cm

早崎麻利子

How to make **> 66 page**

Point

大人のピンクを
楽しむ布合わせ

2

定番のまつって作るクラムシェル模様です。なんと言っても布の合わせ方がおしゃれ。いろいろなピンクの柄にストライプとフラックス色の綿麻の組み合わせがこなれています。布が楽しいので、装飾は少なくシンプルにしたほうがいきてきます。

18 × 23.5cm

石川さちこ
How to make > **67page**

Point

ブルー系の
色合わせで
かわいさを出す

3

ブルー系は人気ですが、メンズっぽくなること
もある色合わせです。そんなときはグレーで
シックさ、黄色とオレンジでかわいさをプラス。
どちらもブルーと相性のいい組み合わせです。
中袋も色やテイストを揃えてはぎれ使いを楽し
んでみてください。バッグの中を見るのが楽し
くなるくらいかわいくなります。

21 × 35 × 16 cm

石川さちこ
How to make > **68page**

クラムシェルの作り方

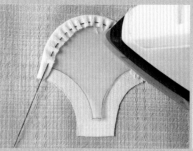

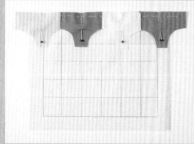

1 上のカーブ部分の縫い代を印から印までぐし縫いします。型紙を用意しておきます。

2 裏に型紙を合わせてぐし縫いを引き絞り、ぐし縫い部分をアイロンで押さえて形をつけます。

3 ベース布にアップリケをするための格子状のガイド線を描きます。ここでは2.7×3cmです。クラムシェルの形を描いてもかまいません。

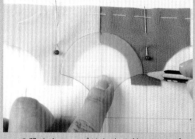

4 上の段は縫い代をつけた半分の形を縫い合わせます。ベース布に重ねてまち針で止め、しつけをかけます。

5 2段めをアップリケする前にアップリケ位置の印をつけます。型紙を中心と下のガイド線に合わせて重ね、印をつけます。

6 印に合わせてピースを重ね、まち針で止めます。しつけをかければより安心です。

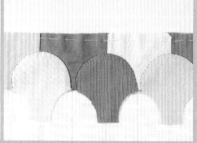

7 端からたてまつりでアップリケします。

8 2段めができました。これをくり返して1段ずつ重ねて、好きな段数をアップリケすれば完成です。

簡単クラムシェル

1 布の裏に両面接着シートをアイロンで貼ります。はくり紙の上に型紙で丸の印をつけ、裁ち切りでカットします。

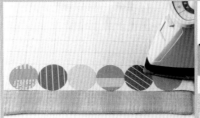

2 ベース布にアップリケをするための格子状のガイド線を描きます。ここでは1.8×1.8cmです。丸のはくり紙をはがして合わせ、アイロンで押さえて接着します。

3 2段めも格子に合わせて重ね、アイロンで接着します。下から順に重ねていますが、作品ではこちらが上側になります。

4 1段ずつ重ねてはアイロンで接着することをくり返して、好きな段だけ作ります。

ドレスデンプレートの作り方　54ページのドレスデンプレートのクッション

1 基本のクラムシェルと同じように、カーブ部分の縫い代をぐし縫いします。

2 2枚を中表に合わせて印から印まで縫います。

3 8枚を円に縫い合わせ、縫い代を同じ方向に倒します。

4 型紙を合わせてカーブ部分のぐし縫いを引き絞り、アイロンで押さえて形をつけます。

5 すべてのカーブを引き絞って形ができました。

6 最後に中心の花芯のカーブ部分をぐし縫いし、型紙を入れて引き絞って形作り、アップリケすれば完成です。

Point

まとめておけば
便利な、ポケット
いっぱい通院ケース

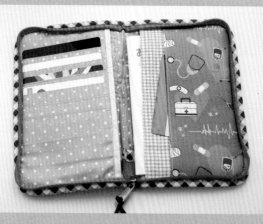

4

病院のカードにお薬手帳とレシートなどが入るポケットなど、必要なものをまとめておけるケースです。周囲がぐるりファスナーなので落としたりなくしたりする心配が減って安心。やさしい色合いのはぎれで十字のデザインを表現しました。
18 × 12.5 cm

ナヲミ
How to make > **70 page**

Point

どこをとっても
やさしいカーブの
形がユニーク

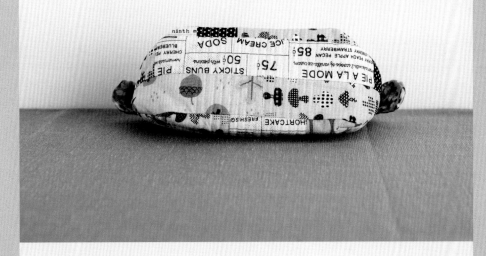

5 ポーチの形がどこを見てもカーブでどう
なっているのか不思議な形です。難しい
カーブ同士の縫い合わせは、巻きかがり仕
立てで簡単に。適当なサイズの四角形のは
ぎれを自由に縫い合わせて帯状にし、その
帯同士をつないで本体を作ります。
9.5 × 19 × 7cm

細尾典子
How to make > **72page**

6, 7

キーケースはバッグの中で見つけやすく、
鍵でほかのものを傷つけないようにカ
バーする、鍵がさっと取り出しやすいこ
とがポイント。口を小さながま口タイプ
にすればパチンとあけてさっと取り出せ
ます。ほかのちょっとしたものを一緒に
入れることもできて便利です。
丸型 10.5 × 7.8cm　L字型 7 × 11 cm

石川さちこ
How to make > 74 page

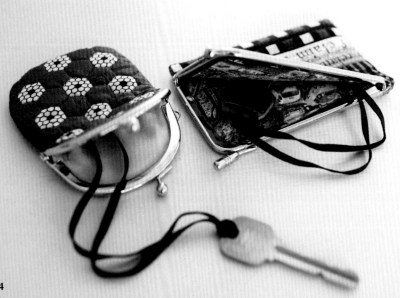

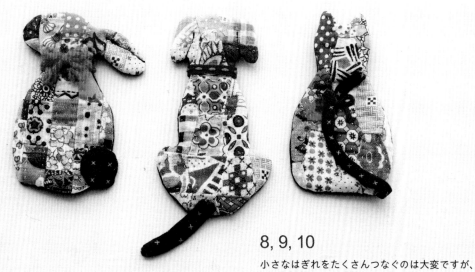

8, 9, 10

小さなはぎれをたくさんつなぐのは大変ですが、手のひらサイズのかわいい動物モチーフならテンションもあがります。裏にピンをつけてブローチに、上にループをつければチャームに、そのままでブックマークとして使い方も自由です。プレゼントにも喜ばれそうです。

ウサギ 8.3 × 5.6cm　イヌ 9 × 5cm
ネコ 8.6 × 4.7cm

ナヲミ　How to make > **76page**

11

大きな六角形をつないだシンプルなデザインのミニバッグ。本体の四角の形がピシッと決まるように、マチに工夫があります。紙袋のように内側にたたまれるようステッチで押さえるのがポイントです。ペットボトルが2本入るサイズ感です。
16.5 × 17 × 7 cm

小島千珠子
How to make > **73page**

六角形のつなぎ方

基本の六角形

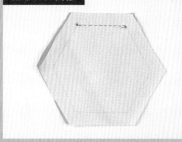

1 六角形にカットした2枚を中表に合わせて印から印まで縫います。

2 必要枚数を横につなぎ、帯状にします。並べてみて、上下の縫い合わせる辺の位置を確かめます。

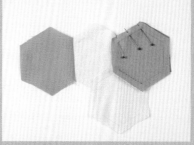

3 帯同士を縫い合わせます。縫い合わせる辺同士を中表に合わせてまち針で止め、印から印まで縫ったら返し縫いをして針を休めます。

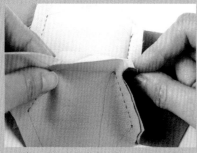

4 次の辺同士を中表に合わせてまち針で止め、同様に印から印まで縫います。

5 このようにして辺を合わせて最後まで縫います。下の帯も同様に縫い合わせれば完成です。

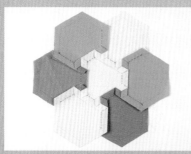

6 3枚の縫い代が集まる角は風車状に割って倒します。こうすることで厚みが出ずにきれいに見えます。印から印まで縫うことでこの風車状の倒し方ができます。

ペーパーライナーを使う六角形

1 市販のペーパーライナー用のセットがありますが、自分で型紙を作ってもかまいません。

2 縫い代をつけて布をカットし、型紙を中心に重ねてまち針で止めます。縫い代を順に倒してしつけで押さえます。このとき布だけを縫います。

3 2枚を中表に合わせて細かく巻きかがりをします。必要枚数をつなぎ、最後に型紙を抜けば完成です。

Point

2cmの四角つなぎと
基本の形

12 ~ 17

はぎれを3.5cm角に揃えてカットしておき、
色別につないでポーチにしました。グレーは
口がカーブのシェル型、青は長方形から作る
台形型、白はファスナーマチの正方形型、赤
は口をしばるだけの袋型、黄は正円型、緑は
ぺたんこのケース型。同じはぎれつなぎでも
いろいろな形が楽しめます。
グレー 8 × 10 × 4 cm　青 8 × 14 × 4 cm
白 10 × 10 × 7.5 cm　赤 高さ10cm 底直径6 cm
黄 10 × 10 cm　緑 10 × 10 cm
How to make **> 124page**

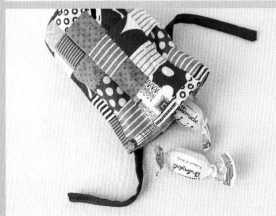

基本のファスナーのつけ方

手縫い

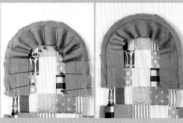

1 本体ができたら口をパイピング（バイヤステープでくるむ）します。口のカーブに沿ってテープを中表に合わせて細かくまち針で止め、縫います。

2 バイヤステープを表に返して本体裏に折り返し、縫い代をくるみます。

3 中袋をつけるので端は伸ばしたまま、しつけで縫い止めます。中袋をつけない場合はバイヤステープの端を内側に折ってくるみ、まつります。

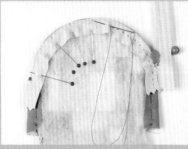

4 ファスナーをつけます。本体とファスナーの中心を合わせてカーブに沿ってまち針で止め、ファスナーテープの織りが変わるあたりを星止めで縫います。

5 ファスナーの上耳があいてしまうので、上止めの先で2、3針縫い止めておきます。

6 ファスナーから下の脇を中表に合わせて巻きかがりで縫います。

7 脇と底中心を合わせてマチを縫います。

8 中袋を中表に合わせて脇をファスナーつけ位置まで縫います。脇と底中心を合わせてマチも縫います。

9 本体裏に中袋をかぶせて口をまち針で止めます。中袋の口の縫い代を折り込みながら、ファスナーの星止めを隠すように中袋をまつります。

ミシン縫い

1 ファスナーの上耳と下耳を三角に折って、しつけで止めておきます。

2 本体の口とファスナーの中心を合わせて中表に重ね、しつけで仮止めをします。

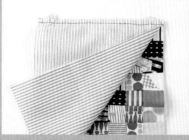

3 2に中袋を中表に合わせて口を縫います。ミシンの場合は押さえ金をファスナー押さえに変え、スライダーを移動しながら縫います。

4 ファスナーのもう片方のテープを本体の反対側の口に合わせ、中袋を重ねて同様に縫います。

5 ファスナーを中央にして本体と中袋がついた状態です。

6 本体同士、中袋同士をそれぞれ中表に合わせ、中袋に返し口を残して脇を縫います。このときファスナーを縫い込まないように注意します。

7 脇と底中心を合わせてマチを縫います。余分な縫い代はこのくらいならカットしてもしなくてもOKです。

8 中袋の返し口から表に返し、返し口をコの字とじでとじて形を整えれば完成です。

フリースタイルファスナーのつけ方　64ページのペンケースに使用

1 上止めと下止めがなく、片側のテープとエレメント（歯）のみのファスナーです。これにセットのスライダーを通して使います。好みの長さでカットができます。

2 仕立てる前にファスナーをつけます。本体の口にファスナーを中表に合わせて縫います。

エレメント
（歯）

3 裏布を中表に合わせてまち針で止めます。

4 ファスナーの縫い目に合わせて縫います。上のカーブが縫いにくいので慎重に。手縫いでもかまいません。

5 裏布を表に返して口を整え、口にステッチをかけて裏布と本体を押さえます。片方の端にスライダーを通します。

6 もう片方の端も通してスライダーを上に引けば、エレメントがかみ合います。

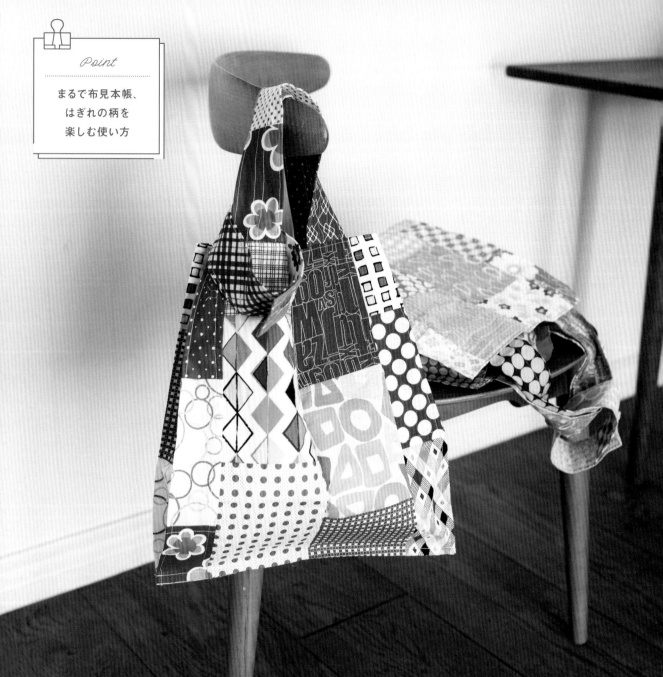

18

1枚1枚のはぎれのサイズは15×12cm。
折り伏せ縫いと袋縫いで縫い代が見えな
いように仕立てるので、中袋をつけずに
一枚布感覚で使えます。折り畳み用のベ
ルトはお好みで。折り伏せ縫いと袋縫い
の縫い方は38ページを参照。
34×32cm

福田浩子
How to make ＞ **78page**

19

小さなサイズの巾着ですが、しっか
り底があるので見た目よりもものが
入ります。底と口布は同じ布にし、
ほかははぎれをシンプルにつないで
まとめています。ひも飾りは好みで
合わせてください。
15.5 × 11 × 9.5 cm

佐々木文子
How to make > **80 page**

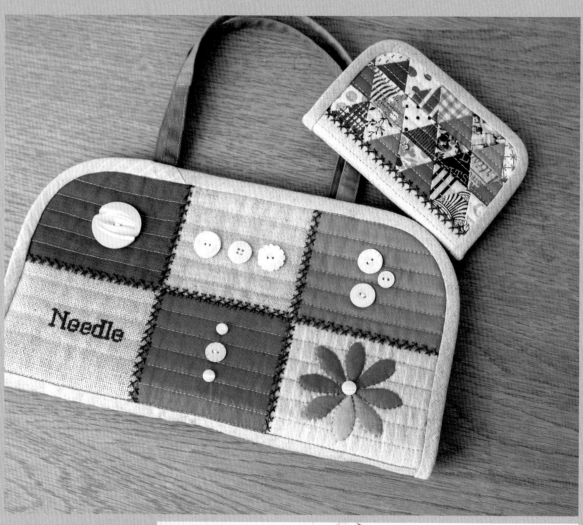

24

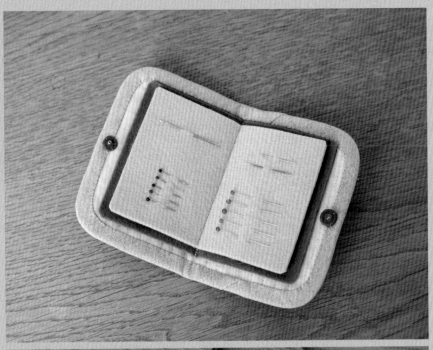

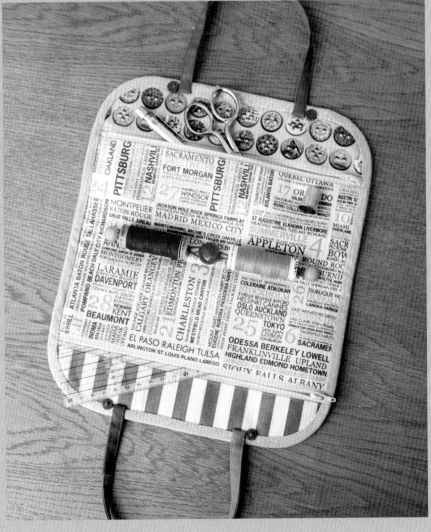

20, 21

さっと広げればそのまま使え、終わったらパタンと畳んで持ち運びできる手軽さ。いちばんかさばりそうな糸はゴムに通して底にすることで安定し、ファスナーつきポケットにはさみや定規など必要なものがすべて入ります。針はお揃いのニードルブックに刺してすっきりと。
ソーイングケース 14 × 24.5cm
ニードルブック 8 × 11cm

石川さちこ
How to make > **82page**

22

薄く小さなニードルブックは、針刺しに
潜りがちな短い針の収納に便利です。キ
ルティング作業のとき、外出用、裁縫箱
の整理などにいかがですか。表側ははぎ
れを自由に縫い合わせてください。
9.5 × 7.5cm
ナヲミ
How to make > **81 page**

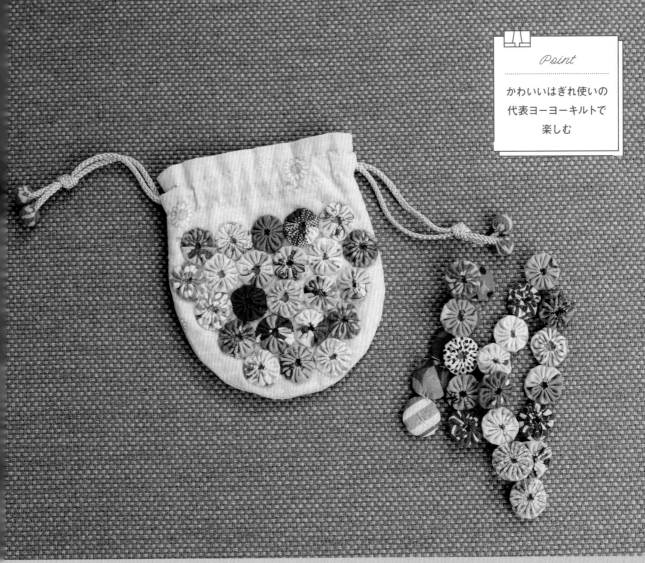

ヨーヨーキルトの作り方

1 縫い代0.5cmを折りながら大きな針目でぐし縫いします。最後は最初の針目に同じ方向で針を入れます。
2 ぐし縫いを引き絞って形を整えます。
3 後ろに針を出して玉止めをするか、ひだの間で玉止めをします。つなぐときは2、3針巻きかがりをします。

23 ヨーヨーキルトがシンプルな巾着をかわいく見せてくれます。巾着が小さいのでヨーヨーキルトも直径4cmの円をぐし縫いして約1.5cmに仕上げますが、小さくて難しい場合は好きなサイズでOK。花のようなかわいさを楽しんでください。

11×10cm　佐々木文子
How to make > **84page**

Point

はぎれをランダムに
1周ずつ縫いつける
おもしろさ

24 ころんとした形のユニークさが目を引くポーチですが、は
ぎれの縫い方にも特徴があります。中心の布に長方形の布
をランダムに1周重ねてぐるりと縫い、また重ねてぐるり
と縫う。はぎれの使い方にぴったりな簡単な縫い方です。

11.5 × 14 × 5 cm　**細尾典子**
How to make > **85page**

はぎれの縫い方

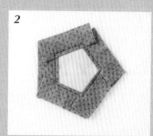

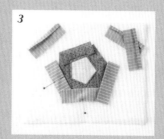

1　中心の円をまち針で止め、1
辺の縫い代を折った長方形の
布をぐるりと重ねてまち針で
止めます。

2　1周重ねた布の0.2cm内側から
五角形の形に沿ってぐるりと
縫います。これが1周めです。

3　同様に2周めも長方形の布を
重ねて縫います。このとき1
周めの布端が出ないように重
ねます。

25

木の葉のような底の形がユニークな小
物入れ。本体の帯状の布の幅は自由、
どんどんはぎれを縫い合わせて必要な
サイズにしてください。口のボタン
も洋服についていたものやひとつだけ
余ってしまったものを有効活用して。
8.5 × 14.5 × 8 cm

細尾典子
How to make > **86 page**

26

実にシンプルな形のキーケースで
す。細長い形をはぎれで作り、内
側に小さなポケットをつけて鍵を
収納できるようにしています。サ
イズは鍵の大きさや自分好みに調
整してください。

22 × 6 cm

細尾典子

How to make **> 87page**

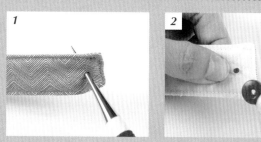

ワンタッチプラスナップ (スナップボタン) のつけ方

1 端から1.5cmほど内側に目打ちで穴をあけます。

2 表側からヘッドを差し込み、裏側からバネ (またはゲンコ) を合わ
せてパチンと音がするまでしっかりはめ込みます。

※プラスナップ用のハンディプレスを使うタイプもあります。

Point

はぎれでさっと
便利グッズ作り

27

家の中にあるコードや持ち運び用の充
電器などのコード類をさっとまとめる
ケーブルバンドです。はぎれで作れば
カラフルでかわいく、見た目にも楽し
い1本になります。長さはまとめるも
のに合わせて作ってください。コード
類以外にも使えます。

3 × 18.5 cm

細尾典子
How to make > **88 page**

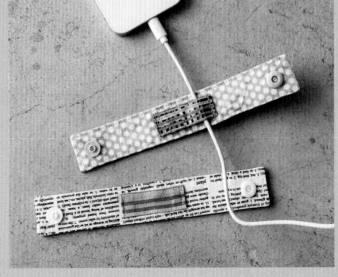

28

長方形をつないだ爽やかな印象のクッションです。
はぎれを縫い合わせるときに色合わせに悩むことが
ありますが、このように白ともう1色に絞って縫い
合わせることですっきりとまとまります。まずは手
持ちのはぎれの色を分類してみてください。

43 × 43 cm　早崎麻利子

How to make **>** 89 page

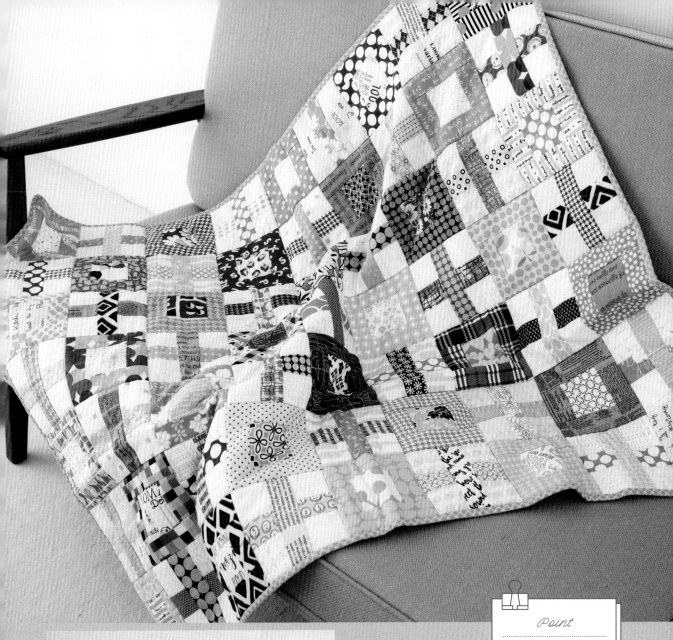

29

表側は白をベースにしたカラフルなはぎれ使い、裏
はタオルケットなどをそのまま使ったブランケット
です。畳んでお揃いのケースに入れればクッション
に。家だけでなく車に乗せておくと便利に使えます。
ブランケット 86×110cm　ケース 36×36cm
福田浩子
How to make > **90 page**

30〜35

ちょっとだけ残った好きな布やレース、服のボタンなど捨てられないものを使って見せるピンクッションにしました。実用としても使えますが、繊細な布や装飾を使ったものは飾ったり、ピンクッションコレクションとして楽しむのがおすすめです。

ビスコーニュ 8 × 8 cm 　 レース 8 × 12 cm
ボタン 9.5 × 9.5 cm 　 だ円 7 × 8 cm
丸 10 × 10 cm
嵯峨暁子
How to make **> 92 page**

ビスコーニュの作り方

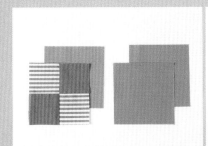

1　本体と底のパーツの表布と裏布をそれ
　ぞれ正方形で用意します。

2　表布と裏布を中表に合わせ、返し口
　を残して周囲を縫います。

3　返し口から表に返して返し口をコの
　字とじでとじます。底のパーツも同
　様に作ります。

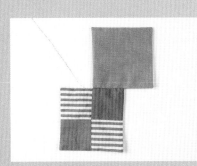

4　本体と底のパーツを縫い合わせます。
　1辺の1/2をずらし、角と中心を合
　わせてまつっていきます。

5　角まで縫ったら折り直して、次の角
　と中心を合わせて縫います。これを
　くり返します。

6　最後の1/2を残して中に綿を詰め
　ます。好みのかたさに詰めたらま
　つってとじ、完成です。

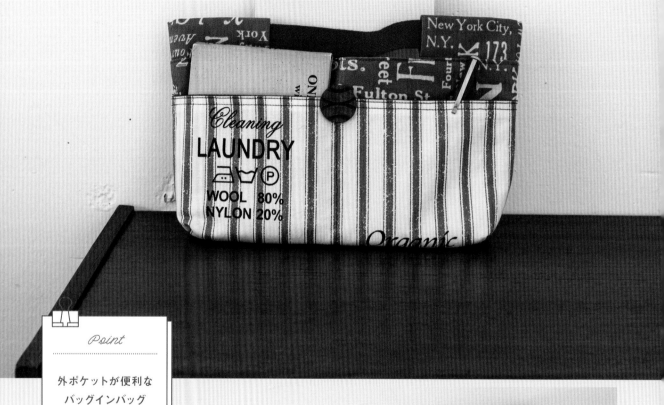

30cmくらいの比較的大きなはぎれをそのまま使います。
何枚かを使ってバッグにしたり大きめのポーチにしたり。
細かい縫い合わせが少ないので早く仕上がります。

Point

外ポケットが便利な
バッグインバッグ

36

本体に外ポケットがついて、内ポケットは
好みでつけるくらいの仕様がちょうどいい
バッグインバッグです。どこに何を入れた
かがすぐにわかります。このサイズのはぎ
れ使いなら、大柄の布もいきてきます。
16 × 22 × 6cm

小島千珠子
How to make > 94page

Point

小さめの食パンが
2斤入るサイズ感

37

エコバッグですが、あえてブレッドバッグ。
中袋をつけずに折り伏せ縫いと袋縫いで仕
立てます。マチが内側にぺたんこに折り畳
まれるので持ち運ぶときもすっきりとして
じゃまになりません。38ページで作り方を
解説しています。
22 × 35cm

小島千珠子
How to make > **38page**

ブレッドバッグの作り方　折り伏せ縫いと袋縫い

材料

本体用布4種各25×35cm
持ち手用布40×20cm

本体は4枚すべて違う布にし
ても、2枚ずつにしてもよい。

本体用布4枚

脇　　　　中心

5

口

34.5

裁ち切り

底
中
心

21

持ち手2枚

10

裁ち切り

40

持ち手の作り方

わ

四つ折りしてステッチをする
上にプリントを重ねる場合は
全体にステッチをする

本体のまとめかた

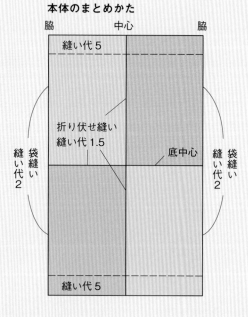

脇　　　　中心　　　　脇

縫い代5

折り伏せ縫い
縫い代1.5

底中心

袋
縫
い
縫
い
代
2

袋
縫
い
縫
い
代
2

縫い代5

1.5

1　本体を折り伏せ縫いで縫い合わせます。2枚を中表に
合わせて縫い代1.5cmで縫います。

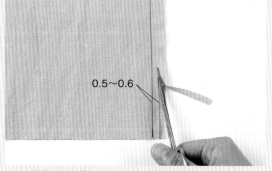

0.5〜0.6

2　片方の縫い代を0.5〜0.6cm残してカットします。

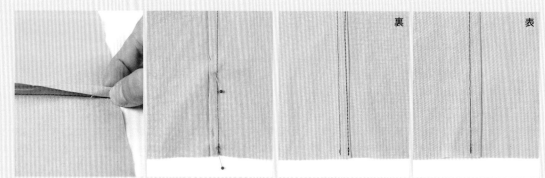

裏　　　　　　　　表

3　もう片方の縫い代でカットした縫い代をくるみ、布をひらい
てアイロンで押さえて形をつけておきます。

4　くるんだ折り山のきわから0.1〜0.2cmあたりを縫います。
表から見るとこの縫い目だけが見えます。

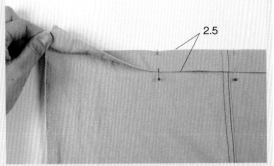

5 口を2.5cmの幅で三つ折りし、まち針で止めて端を縫います。

6 持ち手を作ります。10×40cmの布を四つ折りしてステッチをします。

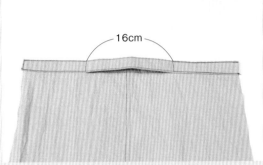

7 本体の口に持ち手を重ね、中心を16cmあけてコの字に縫いつけます。この本体を2枚作り、中表に合わせて底を縫い代1.5cmの折り伏せ縫いで同様に縫います。

8 本体を外表に合わせ、底中心から内側に6cm折り上げてマチを作ります。本体の脇を袋縫いをします。縫い代0.7cmで縫い、0.5cmほどにカットします。

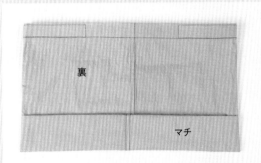

9 本体1枚を裏返し、本体を中表に合わせます。折り上げたマチが見えてきます。脇の縫い目をアイロンで整えておきます。

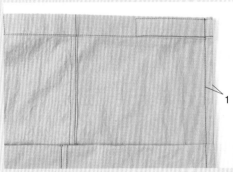

10 脇を縫い代1cmで縫います。このとき、8の縫い代を縫い込まないように気をつけます。口や底に厚みがあるのでゆっくり縫ってください。

11 本体を表に返して整えます。脇の縫い代が内側につつまれました。

12 これで完成です。

Point

同じ型紙で
2つのケース

38

ミニミニソーイングケースとニードルケースのセット。どちらも同じ型紙を使っています。ソーイングケースはそのままの形で袋に、ニードルケースは二つ折りにしてふたつきにしました。ソーイングケースの中にニードルケースを収納できます。
ソーイングケース 9.2 ×14cm
ニードルケース 7×9.2 cm
細尾典子
How to make > **96 page**

Point
....
ポケットの作り方が
おもしろい

39

5つのポケットができるので5ポケット
バッグ。ポケットがいっぱいのバッグは
難しそうに見えますが、重ねて、畳んで、
まっすぐ縫うという単純な作り方です。
ファスナーも最後に口に合わせて縫いつ
けるだけなので簡単です。
14.5 × 22cm

小島千珠子
How to make > 42 page

5 ポケットバッグの作り方

材料

本体用布 50×30cm
本体上布 50×30cm
本体裏布 50×30cm
ポケット用布 25×30cm
ポケット裏布 25×30cm
持ち手用布 25×10cm
タブ用布 10×10cm
接着芯 (本体とポケットに使う布の
厚さによって芯を貼る) 適宜
長さ25cmファスナー1本

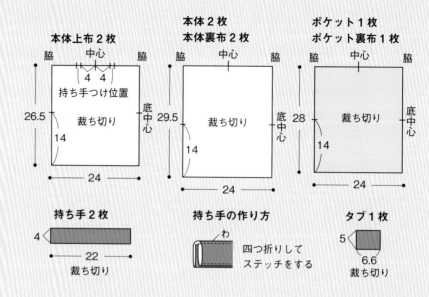

本体上布2枚
脇　中心　脇
4
持ち手つけ位置
裁ち切り
26.5
14
24
底中心

本体2枚
本体裏布2枚
脇　中心　脇
29.5
裁ち切り
14
24
底中心

ポケット1枚
ポケット裏布1枚
脇　中心　脇
28
裁ち切り
14
24
底中心

※本体は、本体と上布を2枚重ねる
のではなく、持ち手をはさんでピー
シングしてもよい。このとき、本体
上布は図のままのサイズで、本体は
24×5cmでカットする。布の厚さ
によっては裏に接着芯を貼る。

持ち手2枚
4
22
裁ち切り

持ち手の作り方
わ
四つ折りして
ステッチをする

タブ1枚
5
6.6
裁ち切り

1 持ち手用布を四つ折りにして縫い、
幅1cmの持ち手を作ります。持ち手
を持ち手つけ位置に合わせ、本体上
布の口の縫い代を折って重ねます。

2 上布の口を縫って持ち手を押さえま
す。ほかの3辺の縫い代にしつけを
かけておくとずれません。

3 裏布を中表に合わせてまち針で止め、
返し口を残して周囲を縫います。こ
のとき持ち手を縫わないように内側
に入れ込んでおきます。

4 表に返して返し口をコの字とじでと
じます。もう1枚の本体とポケット
も同様に作ります。

5 持ち手側とは反対の口とポケットを
中表に合わせて脇から2.5cm、底か
ら2.5cmの位置を縫います。これが
内側のポケットになります。
2.5
2.5

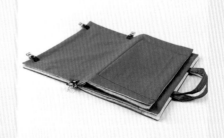

6 もう1枚の本体とポケットを中表に
合わせ、同様に縫います。最初に
縫った本体はよけておきます。

7 本体をそれぞれ底から外表に折り上げます。本体の口がポケットよりも1.5cm上に出ます。

8 脇を縫います。本体同士、ポケット同士、本体同士に分けて、脇から0.1cmの位置を縫います。

9 袋の形になりました。

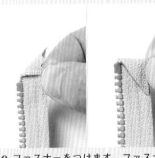

10 ファスナーをつけます。ファスナーの上耳を折って平らにし、縫い止めておきます。

11 本体の口にファスナーを重ねてまち針で止めます。ファスナーの上耳側を本体の脇に合わせ、下耳側は飛び出させます。

12 口を縫います。もう1枚の本体を縫い込まないように注意してください。もう片方のファスナーも同様につけます。

13 タブを作ります。タブのサイズはファスナー幅や布の厚さによって調整してください。5cmの長さを二つ折りにします。

14 次は6.6cm側を二つ折りにして0.5cmの縫い代で縫います。

15 縫い目を中心にして折り直し、下側を縫います。

16 表に返してファスナーの下耳側にかぶせ、まつります。

17 完成です。

Point

機能的でも
作り方は簡単

40

これひとつでじゅうぶんなお財布ポー
チ。ふたとファスナーつきで安心、小銭
もお札もこまごまとしたものも分けて入
れられます。仕立ては外パイピングなの
で思ったよりも簡単です。旅行などにも
使い勝手がよさそうです。
11 × 20 cm

細尾典子
How to make > **98 page**

44

Point

サコッシュにも
大きめポーチにも

41

必要なものだけを入れて持ち歩けるサ
コッシュを、どんな装いにも合わせやす
いシックな色で作りました。後ろには
ファスナーポケットがついているので便
利です。ふたのパターンは好きなデザイ
ンにしてみても。
18 × 26 cm

福田浩子
How to make > **100 page**

42

ぺたんこの薄いポシェットですが、本体
は3つのポケットに分かれています。真
ん中のポケットはファスナーつきなので
大事な小物はここに入れておけば安心で
す。黒×青のはっきりした色合いに、横
長の形がおしゃれです。
16.5 × 28cm

小島千珠子
How to make > **102 page**

Point

水玉×ストライプの
使い方

43

ころんとした形がかわいくて
たっぷり入るポーチです。ス
トライプを縦、横、斜めに使
うことで柄の見え方が変わり
ます。周囲のパイピングコー
ドはポーチの形をしっかりき
れいに見せてくれます。
15 × 21 × 5 cm

細尾典子
How to make > **104 page**

パイピングコードは、細いコードをバ
イヤスにカットした帯状の布でくるん
で作ります。市販品もあるので色が合
う場合は市販品を使うと手軽です。中
のコードは毛糸などでもかまいません。

Point

プリント以外の
布を使う

44, 45

大小のデザイン違いのクッション。先染めの
チェックやベロア、無地、光沢のある布など
大人っぽい布のセレクトです。ベーシックな
模様や質感のある布合わせですてきに見せて
います。布のトーンを合わせるとインテリア
にも合わせやすくなります。本体後ろも接ぎ
合わせるのがさらにかわいいポイントです。
大 48 × 48 cm　小 32 × 32 cm

Sankaku Quilt
How to make > **106 page**

洋服を使う

着なくなった洋服を有効活用します。
洋服の生地は上質ですてきなものが多いので、
きれいなところは大きなまま、
くたびれ感があるようならカットすれば
小物サイズなら十分使えます。

Point

適当なサイズの布を
自由に縫って
カットをくり返す

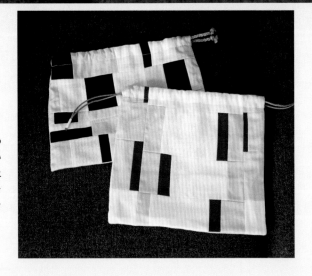

46

ブラウスの布に赤と黒とグレーの無地を合わせた巾着です。大きめサイズのはぎれを縫い合わせて好きな場所でカット。その2枚を上下の向きを変えたりして縫い合わせることをくり返して作ります。無計画にそのときできる模様を楽しんでください。
赤 20.5 × 22.5cm　黒 18 × 25cm
How to make ＞ **51page**

適当巾着の作り方

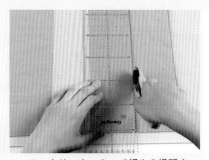

1 適当なサイズの2色の布を縫い合わせます。同じサイズではない方が動きが出やすくなります。

2 ロータリーカッターで好みの場所をまっすぐカットします。ここではグレー布の中心あたりをカット。

3 右側の布の上下を回転させて2枚を縫い合わせます。

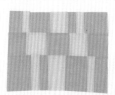
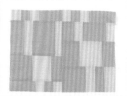

4 次は横にカットし、縦に2か所カット。これを左右を入れ替えて縫い合わせます。飛び出した部分は真っ直ぐにカットしておきます。

5 カットし、入れ替えて縫い合わせることをくり返します。途中で新たな布を足してもかまいません。好きな大きさや模様になれば完成です。カットして縫い合わせるごとに小さくなるので大きなサイズから始めること、あまり細かくなりすぎないように注意してください。

3色を使った例

プリントを使った例

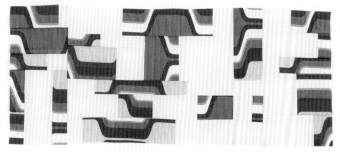

本体1枚、中袋1枚

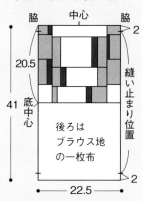

脇　中心　脇

2

20.5

41

底中心

縫い止まり位置

後ろはブラウス地の一枚布

22.5

2

※縫い代は口は3cm、そのほかは1cm
※中袋は同寸の一枚布

仕立て方

① 3 縫い代　中袋(表)

本体(裏)

本体と中袋を中表に合わせ、前と後ろの口を縫う

② わ

本体(裏)

本体(表)

ひも通し口

中袋(裏)

中袋(表)

返し口

わ

①をひらき、本体と中袋がそれぞれ中表になるように合わせて、ひも通し口と返し口を残して脇を縫う

材料

本体用ブラウス1枚
赤、グレー布各適宜
中袋用布25×45cm(本体のサイズに合わせる)
幅0.3cm革ひも(ひも)120cm

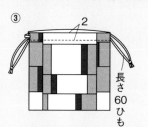

③ 2

長さ60ひも

表に返して返し口をコの字とじでとじひも通しを縫ってひもを通す

シャツ3枚で作る
ぺたんこバッグ

47

前はストライプときなりのシャツ、後ろは
きなりのシャツの後ろ身頃、中袋は白い
少し厚手のシャツを使いました。A4サイ
ズが入るぺたんこトートバッグです。ログ
キャビンのパターンは、布を帯状にカット
してぐるぐると縫っていくだけなのではぎ
れの大きさを気にせず使えます。

30 × 35.5 cm

How to make **> 53 page**

ログキャビンのバッグの作り方

ログキャビンの作り方

1 幅3cmの帯状にカットします。長いのも短いのも、はぎれの長さでカットすればOKです。

2 中心は3cm角の正方形にカットします。正方形と帯状の布を中表に合わせ、縫い代0.7cmで縫います。

3 帯状の布の余分をカットします。布をひらいてカットした帯状の布の方に縫い代を倒します。

4 次の布も同様に長辺に合わせて縫い合わせ、余分をカットして布をひらきます。

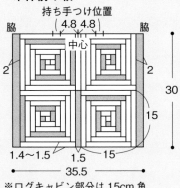

5 このように中心の正方形の周囲にぐるぐると順番に帯状の布を縫い合わせていきます。1周縫えたらさらに2周め、3周めと縫います。

6 好きな大きさまで縫えば完成です。ログキャビン1枚でコースターにしても、つなぎ合わせてバッグなどにもできます。

材料

本体用シャツ2枚
中袋用シャツ1枚
幅2.5cm長さ23cm
持ち手用革2本

本体前1枚

持ち手つけ位置
脇　(4.8 4.8)　脇
中心
2　　　　　2
15
1.4～1.5　1.5　15
← 35.5 →
30
※ログキャビン部分は15cm角

本体後ろ1枚、中袋2枚

持ち手つけ位置
脇　(4.8 4.8)　脇
中心
ヨーク部分
シャツの後ろ身頃を利用
← 35.5 →
※中袋もシャツを利用

仕立て方

①

本体後ろ（表）
中袋は返し口を残す
本体前（裏）

本体前と後ろを中表に合わせて脇と底を縫う
中袋も返し口を残して同様に縫う

②
持ち手　　本体（表）
中袋（裏）
返し口

本体に持ち手を仮止めし
中袋を中表に合わせて口を縫う

③
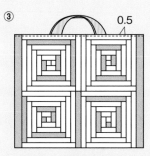
0.5

返し口から表に返して
返し口をコの字とじでとじ
口にステッチをする

53

Point
······································
まんまるの
かわいらしさ

48

本体はダンガリーシャツやはぎれのダン
ガリー生地を使って美しい濃淡をい
かしました。上には白ベースのドレス
デンプレートのパターンをアップリケ。
どんな部屋にも合う、シンプルだけど
かわいいクッションです。
直径40cm 高さ12cm

早崎麻利子
How to make > **107 page**

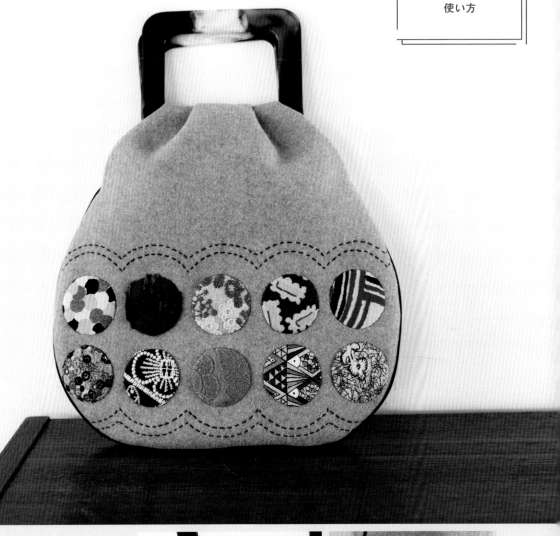

49

シックな色とやわらかい印象が上品な
バッグです。本体はウールのスカート
を再利用。丸のアップリケは、洋服に
ついてきた生地や捨てられないはぎれ
を使って布見本のようにしました。思
い出の詰まったバッグです。

28 × 28.5cm

石川さちこ
How to make **>** **108 page**

楽しい形の小物を集めました。
具象的な形、ユニークな形、
どれも遊び心とアイデアが詰まっています。
はぎれの楽しさがいきてきます。

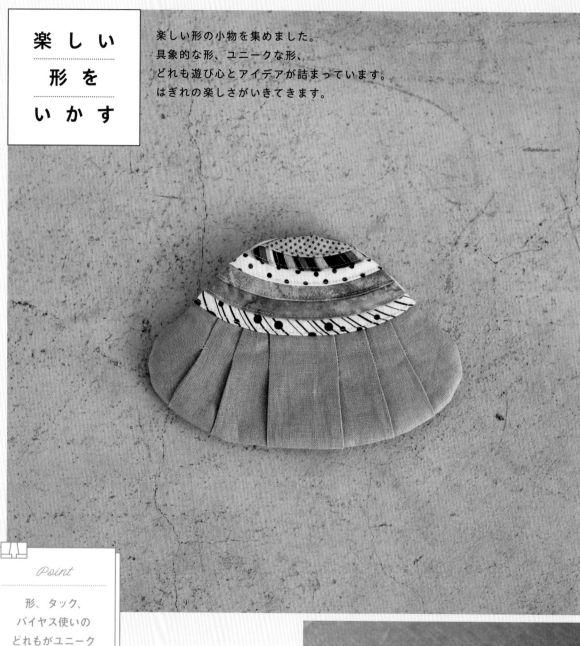

50

スカートのような円盤のような楽しい形に目
がいきますが、本体のきれいに畳まれたタッ
クとはぎれのバイヤステープの重なりにも注
目してください。カーブをいかす布使いです。
口はスナップボタンで止める簡単仕様です。
12.5×18.8cm

細尾典子
How to make > **110page**

51

カエルの顔の形をいかし、ポケットにしました。
子供が持ってもちょうどいいサイズ感です。写
真のようにおさえた色使いでもカラフルにして
も合いそうです。カエルの顔は細かなカーブが
多いので、縫い代に切り込みを入れるなど形を
きれいに出す工夫をしてください。

20 × 25.5 cm

細尾典子
How to make > **112 page**

Point

物語のような
かわいらしさ

52, 53, 54

はぎれを使った鍋つかみはよくありますが、せっかく作るならかわいい形にしてみませんか。魚が3匹並んだパターン、カトラリー入れ、ハリネズミ、どれも絵本の世界のようで使うたびに笑顔になります。裏もかわいい色や柄を使って楽しんでください。

魚 21 × 15 cm
カトラリー 16.5 × 22 cm
ハリネズミ 16 × 23.5 cm

松本祥子
How to make > **114 page**

Point

想像以上に
便利なので
使って欲しい

55

マグカップオーガナイザーと言います。マグカップにポ
ケットつきの布を着せるアイデアグッズです。必要なも
のがさっと取り出せて持ち運びも簡単。ペン立てやよく
使うソーイング道具を入れておくのにぴったりです。お
持ちのマグカップのサイズに合わせて作ってください。

小 16 × 27cm　大 29.5 × 27.5cm　**石川さちこ**

How to make > **116 page**

Point

見た目の楽しさが
いちばん

56, 57

かぼちゃとピーマンの形のポーチ。ぺたんこの
手のひらサイズなので主張しすぎずに楽しく使
えます。カボチャもピーマンも作り方はほぼ同
じです。野菜の色に合わせて緑のはぎれにして
いますが、色を変えると印象も変わります。
かぼちゃ 14.5 × 17.5cm　ピーマン 14.5 × 15.5cm

細尾典子
How to make > 120, 121page

Point

ちょっとした
飾り物や
プレゼントにうれしい

58, 59

リンゴと洋梨の飾り物です。6枚と5枚接ぎなので、小さなはぎれも使えます。中には手芸綿を詰めていますが、使わないはぎれや捨ててしまうTシャツなどのやわらかい布を詰めるのも手です。おうちに置いてあると楽しくて癒されます。
リンゴ 8×8cm　洋梨 11×7cm

佐々木文子
How to make > 122 page

60

フリースタイルファスナーで簡単に作る
三角錐のペンケースです。1枚のプリン
トをいかしても、小さなピースを接ぎ合
わせてもかわいくなります。写真のよう
に緑にボタンをつけて赤のテープを使え
ばクリスマス仕様に。ファスナーのつけ
方は21ページを参照してください。
高さ20cm 底直径7cm

小島千珠子
How to make > **111page**

How to make
作品の作り方

- 図中の数字の単位はcmです。
- 構成図や図案の寸法には、特に表示のない限り縫い代を含みません。通常、縫い代はピーシングは0.7cm、アップリケは0.5cm、仕立ては1cmくらいを目安にしてください。裁ち切りと表示のある場合は、縫い代をつけずに布を裁ちます。
- 指示のない点線は、縫い目、キルティングやステッチのラインを示しています。
- 材料の布の寸法は、布幅×長さで表記しています。用尺は少し余裕を持たせています。作品の寸法は縦×横です。
- キルティングをすると少し縮むので、周囲の縫い代に余分をつけておきます。
- 作品の出来上がりは、図の寸法と多少差の出ることがあります。

用語解説

裏打ち布	キルトの裏側につける布。
落としキルティング	ピースやアップリケの縫い目のきわに入れるキルティングのこと。
キルト綿	シート状の綿。トップ（表布）と裏打ち布の間にキルト綿をはさみます。
キルティング	裏打ち布、キルト綿、トップの順に重ねて、小さな針目で3層を一緒にステッチすること。トップとキルト綿の2枚でキルティングする場合もあります。
トップ	表布。ピーシングしているものも、一枚布もあります。
パイピング	キルトの周囲をバイヤステープなどでくるんで始末すること。
ピーシング	ピース同士を縫い合わせること。
ピース	型紙で印をつけて裁った最小単位の布のこと。
ボーダー	ブロックの周囲につける帯状の布。

材料（1点分）

アップリケ用はぎれ各種　本体用布（クラムシェルの1枚はベース布）、接着キルト綿、中袋用布各30×30cm　長さ25cmファスナー1本　直径1cmボタン4個　25番刺繍糸、両面接着シート各適宜

作り方のポイント

＊クラムシェルの作り方は11ページも参照。
＊大小の丸の大きさは自由にしてもよい。ベース布は、丸の半径の格子を描く。

作り方

①アップリケをして本体のトップをまとめる。
②接着キルト綿を貼り、キルティングする。
③本体前と後ろを中表に合わせて縫う。
④中袋2枚を中表に合わせ、返し口を残して縫う。
⑤本体と中袋を中表に合わせて口を縫う。
⑥表に返して返し口をまつってとじ、口をステッチする。
⑦本体の口にファスナーを縫いつける。
⑧ファスナーの両端をボタンではさんで縫い止める。

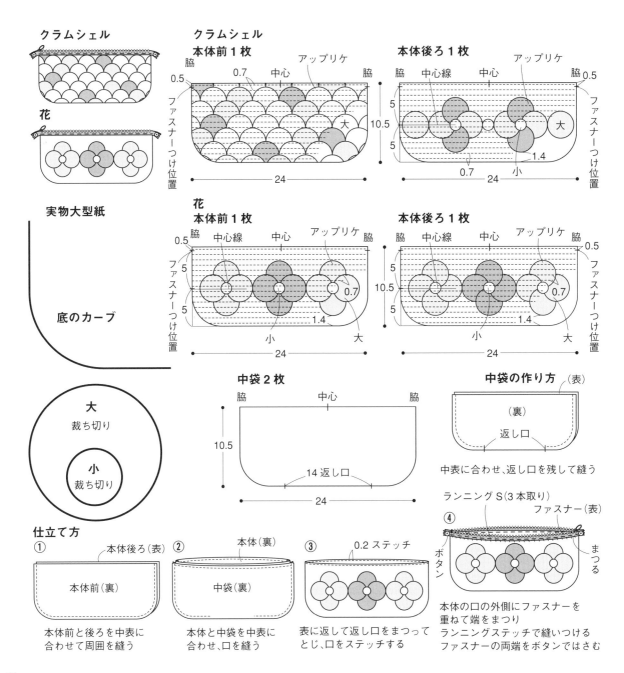

66

材料

アップリケ、ストラップ用はぎれ各種　Aベース布20×35cm　B
用布20×20cm　C用布30×15cm　中袋上用布30×20cm　中袋
下用布30×30cm　両面接着キルト綿、裏打ち布各30×45cm　幅
3.5cmバイヤステープ55cm　内寸1.2cmDかん1個　幅1cmテープ
5cm

作り方のポイント

＊クラムシェルの作り方は10ページ参照。

＊実物大型紙は69ページに掲載。

作り方

①アップリケをしてAをまとめる。

②AにBとCを接いで本体のトップをまとめる。

③本体のトップに両面接着キルト綿と裏打ち布を重ねて貼り、キルティ
ングする。

④本体を中表に合わせ、Dかんを通したループをはさみ、両脇を縫う。

⑤中袋を作る。

⑥本体と中袋を外表に合わせ、口をパイピングで始末する。

⑦ストラップを作り、Dかんに通して結ぶ。

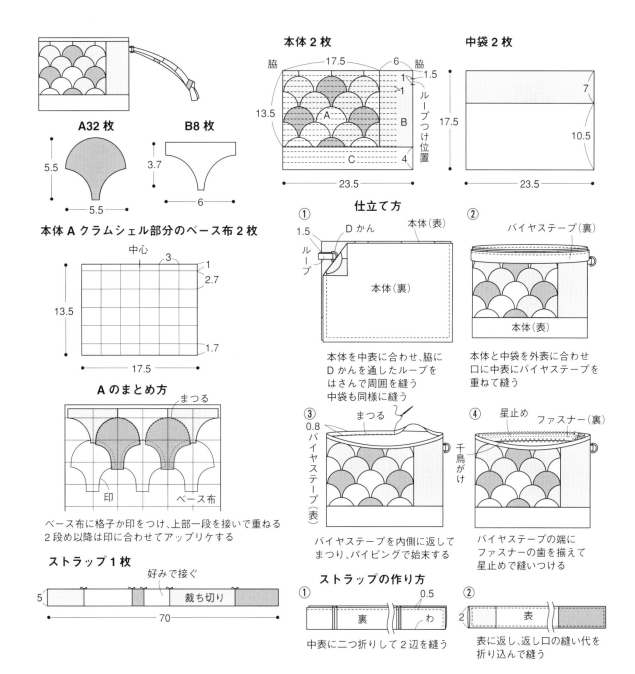

材料

アップリケ用はぎれ各種　Aベース布50×25cm　B用布（持ち手分含む）30×35cm　C用布10×25cm　D用布15×25cm　E用布20×25cm　底用布40×20cm　本体中袋用布4種各25×25cm　底中袋用布25×20cm　内ポケット用布20×25cm　両面接着キルト綿、裏打ち布各40×65cm　接着芯30×15cm

作り方のポイント

＊クラムシェルの作り方は10ページ参照。
＊布が足りないときははぎれを接ぎ合わせる。

作り方

①アップリケをしてAをまとめる。
②AにB〜E、底を接いで本体のトップをまとめる。
③本体のトップに両面接着キルト綿と裏打ち布を重ねて貼り、キルティングする。
④内ポケットを作り、中袋を接いでまとめる。
⑤本体を中表に二つ折りし、両脇を縫い、マチを縫う。中袋も返し口を残して本体と同様に縫う。
⑥持ち手を作り、本体に仮止めする。
⑦本体と中袋を中表に合わせて口を縫う。
⑧表に返して返し口をまつってとじ、口をステッチする。

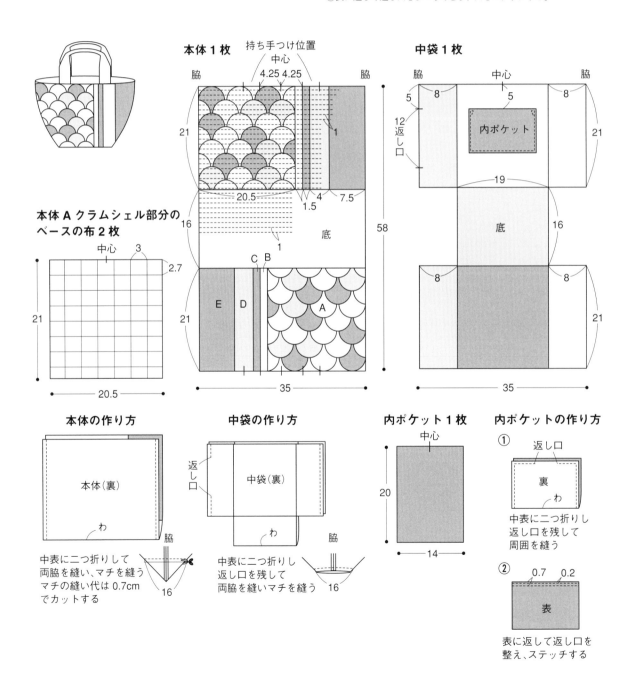

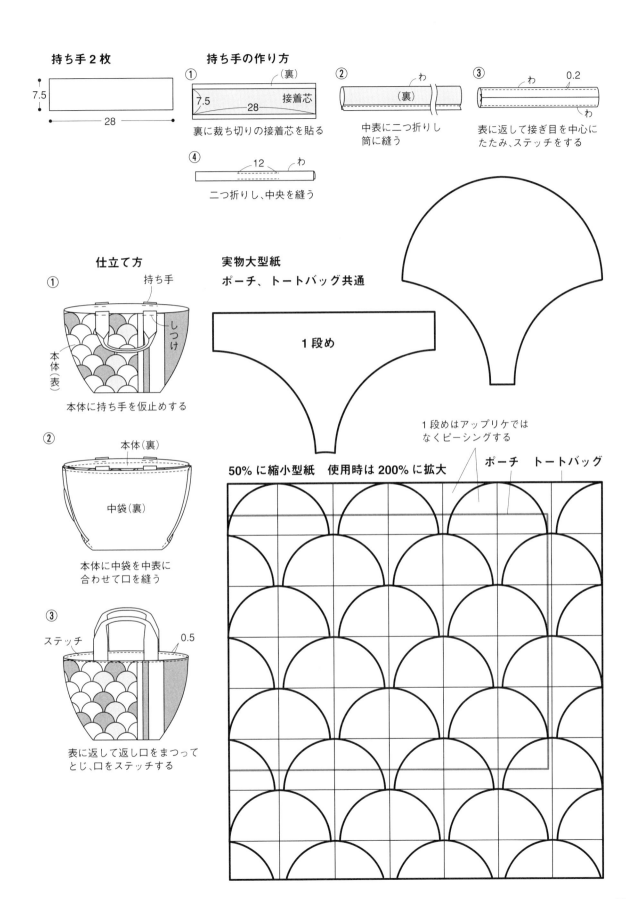

持ち手2枚

7.5

28

持ち手の作り方

① （裏）
7.5
28 接着芯
裏に裁ち切りの接着芯を貼る

② わ
（裏）
中表に二つ折りし
筒に縫う

③ わ 0.2
わ
表に返して接ぎ目を中心に
たたみ、ステッチをする

④ 12 わ
二つ折りし、中央を縫う

仕立て方

① 持ち手
しつけ
本体（表）
本体に持ち手を仮止めする

② 本体（裏）
中袋（裏）
本体に中袋を中表に
合わせて口を縫う

③ ステッチ 0.5
表に返して返し口をまつって
とじ、口をステッチする

**実物大型紙
ポーチ、トートバッグ共通**

1段め

1段めはアップリケでは
なくピーシングする

ポーチ　トートバッグ

50％に縮小型紙　使用時は200％に拡大

材料

ピーシング、ファスナー足し布用はぎれ各種　カードポケット用布15×80cm　カードポケット裏布15×20cm　裏打ち布、薄手キルト綿各30×20cm　ポケットA用布25×20cm　ポケットB用布、両面接着シート各20×20cm　幅2.5cmバイヤステープ90cm　長さ50cmファスナー1本　幅0.4cmリボン10cm

作り方のポイント

＊本体、ポケットはまとめてから、型紙を当てて正確に印をつける。

＊カードポケットは薄手の布を使用するとよい。何枚かを使う場合は、谷折り部分の隠れるところで接ぎ合わせる。

＊各ポケットは合印を合わせて角をカーブにカットする。

＊ファスナーをカーブにつけるときは、5か所ほど切り込みを入れるとよい。

作り方

①ピーシングをして本体のトップをまとめる。

②裏打ち布、薄手キルト綿に本体のトップを重ねてキルティングする。

③カードポケット、ポケットA、ポケットBを作る。

④本体にポケットを仮止めする。

⑤ファスナーを本体に仮止めする。

⑥本体の周囲をパイピングで始末する。

⑦ファスナーの端を足し布でくるみ、ファスナーの引き手にリボンをつける。

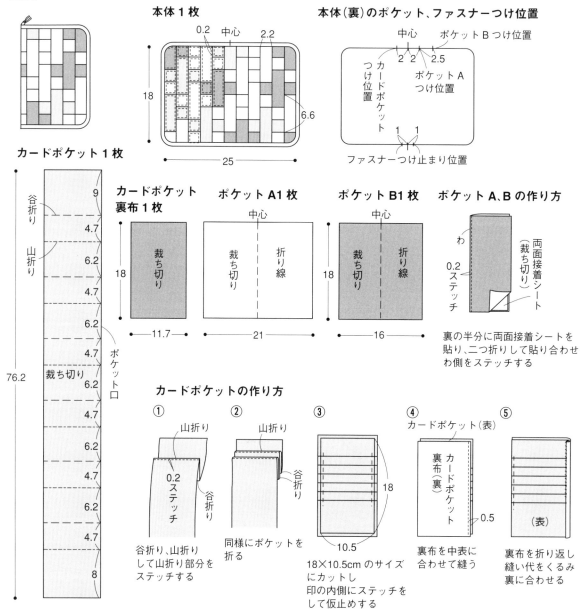

ファスナーの準備

① 縫い止める

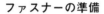

カット

ファスナーの上止め側のテープの
端を裏側に折って仮止めする
飛び出た端はカットする

②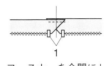

ファスナーを全開にし
テープの端を仮止めして
輪にしておく

足し布1枚

3.5

・4・
裁ち切り

ファスナーの端の始末のしかた

①

（表）ファスナー

足し布（裏）

1

余分なファスナーを
カットして足し布を
中表に合わせて縫う

② ファスナー（裏）

両端の縫い代を
折る

③ ファスナー（裏）

1

ファスナーの
端をくるんで
縫う

仕立て方

①

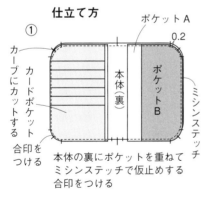

ポケットA
0.2

カーブにカットする

カードポケット

本体（裏）

ポケットB

ミシンステッチ

合印をつける

本体の裏にポケットを重ねて
ミシンステッチで仮止めする
合印をつける

②

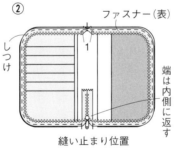

ファスナー（表）

しつけ

1

端は内側に返す

縫い止まり位置

ファスナーを合印を合わせて
仮止めする

③ バイヤステープ（裏）　本体（表）

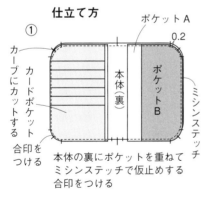

バイヤステープを本体に
中表に合わせて縫う

④ バイヤステープ（表）

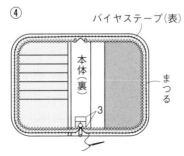

本体（裏）

まつる

3

バイヤステープを折り返して
縫い代をくるんでまつり
ファスナー端を始末する

ファスナーの
引き手

二つ折りしたリボンを
引き手の穴に通し
リボンの先端と輪に通す

カーブの
実物大型紙

合印

71

出来上がり寸法　9.5×19×7cm

材料
ピーシング、タブ用はぎれ各種　接着キルト綿、裏布各30×30cm
長さ20cmファスナー1本

作り方のポイント
＊カーブの縫い代には切り込みを入れる。
＊実物大型紙は77ページに掲載。

作り方
①ピーシングをして本体のトップをまとめる。
②接着キルト綿を貼り、キルティングする。
③本体に型紙を当ててカットする。
④本体と裏布を中表に合わせ、返し口を残して周囲を縫う。
⑤表に返して返し口をまつってとじる。
⑥印同士を合わせ、本体のみをすくって巻きかがりで縫う。
⑦タブを作り、ファスナーに縫いつける。
⑧本体の口にファスナーをつける。

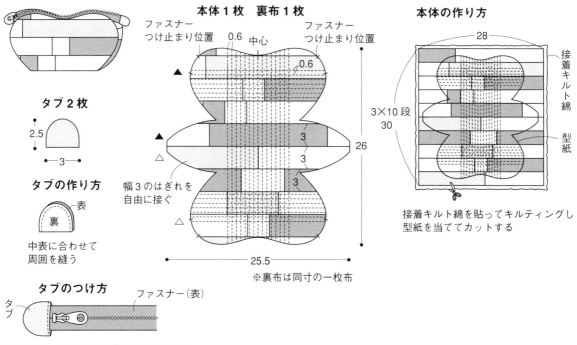

本体1枚　裏布1枚
ファスナーつけ止まり位置
ファスナーつけ止まり位置
0.6　中心　0.6
26
25.5
幅3のはぎれを自由に接ぐ
※裏布は同寸の一枚布

タブ2枚
2.5
3

タブの作り方
表
裏
中表に合わせて周囲を縫う

タブのつけ方
ファスナー（表）
タブ
ファスナーの先端にタブをかぶせて縫う

本体の作り方
28
3×10段
30
接着キルト綿
型紙
接着キルト綿を貼ってキルティングし型紙を当ててカットする

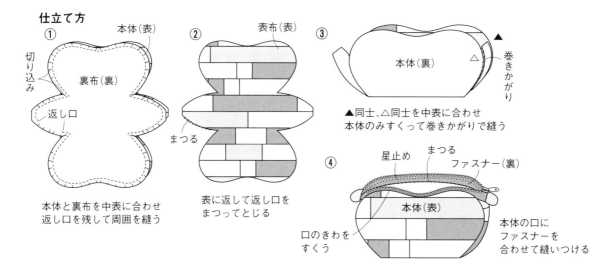

仕立て方

① 本体（表）
切り込み
裏布（裏）
返し口
本体と裏布を中表に合わせ返し口を残して周囲を縫う

② 表布（表）
まつる
表に返して返し口をまつってとじる

③ 本体（裏）
巻きかがり
▲同士、△同士を中表に合わせ
本体のみすくって巻きかがりで縫う

④ 星止め
まつる
ファスナー（裏）
本体（表）
口のきわをすくう
本体の口にファスナーを合わせて縫いつける

六角つなぎの紙袋型ミニバッグ

出来上がり寸法　16.5×17×7cm

材料
ピーシング用はぎれ各種　接着芯、裏布各30×45cm　マチ用布（持ち手分含む）25×45cm

作り方のポイント
＊六角形のつなぎ方は17ページ参照。

作り方
①ピーシングをして本体のトップをまとめ、裏に接着芯を貼る。
②持ち手を作る。
③本体と裏布を中表に合わせ、持ち手をはさんで返し口を残して周囲を縫う。
④表に返して返し口をまつってとじる。
⑤口にステッチをし、マチを折って脇を縫う。
⑥本体を中表に二つ折りし、両脇とマチを縫う。

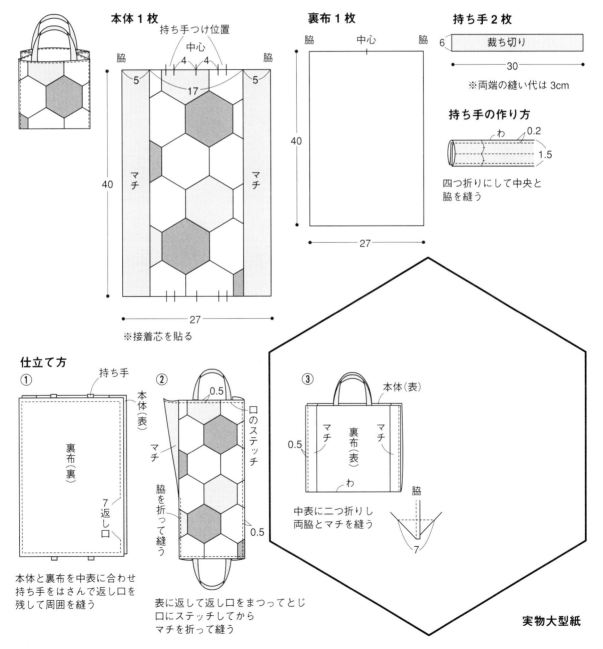

本体1枚
持ち手つけ位置
中心
脇　脇
4　4
5　17　5
40
マチ　マチ
27
※接着芯を貼る

裏布1枚
脇　中心　脇
40
27

持ち手2枚
6　裁ち切り
30
※両端の縫い代は3cm

持ち手の作り方
わ　0.2
1.5
四つ折りにして中央と脇を縫う

仕立て方
①
持ち手
本体（表）
裏布（裏）
7返し口
本体と裏布を中表に合わせ持ち手をはさんで返し口を残して周囲を縫う

②
0.5
マチ
口のステッチ
脇を折って縫う
0.5
表に返して返し口をまつってとじ口にステッチしてからマチを折って縫う

③
本体（表）
マチ　マチ
裏布（表）
わ
0.5
脇
7
中表に二つ折りし両脇とマチを縫う

実物大型紙

73

材料

丸型　ピーシング用赤布30×30cm　ピーシング用柄布適宜　本体
後ろ用布15×15cm　中袋用布、両面接着キルト綿、裏打ち布各25
×15cm　幅0.5cm革ひも40cm　幅6.9×高さ4cm丸型がまぐち口
金1本
L字型　ピーシング用布3種各20×10cm　本体後ろ用布20×15cm
中袋用布20×20cm　接着キルト綿15×15cm　幅0.5cm革ひも
40cm　幅10.5×高さ6cmL型カードケースがまぐち口金1本

作り方のポイント

＊六角形のペーパーライナーのしかたは17ページ参照。
＊L字型キーケースの接着キルト綿は、折り代と縫い代がついていな
い裁ち切りサイズでカットする。

作り方

①ピーシングをして本体前のトップをまとめる。
②丸型は裏打ち布、両面接着キルト綿に本体のトップを貼って、キル
ティングする。L字型は接着キルト綿のみ貼り、キルティングする。
③型紙で印をつけて本体をカットする。
④本体を中表に合わせて丸型は縫い止まり位置から縫い止まり位置ま
でを縫う。L字型は縫い代のある脇のみを縫う。
⑤丸型は縫い止まり位置から口までの縫い代を折って貼る。L字型は
折り代を折って貼る。
⑥革ひもをはさんで中袋を作る。
⑦本体と中袋を外表に合わせ、口にボンドをぬって貼り合わせる。
⑧本体にがま口金をつける。

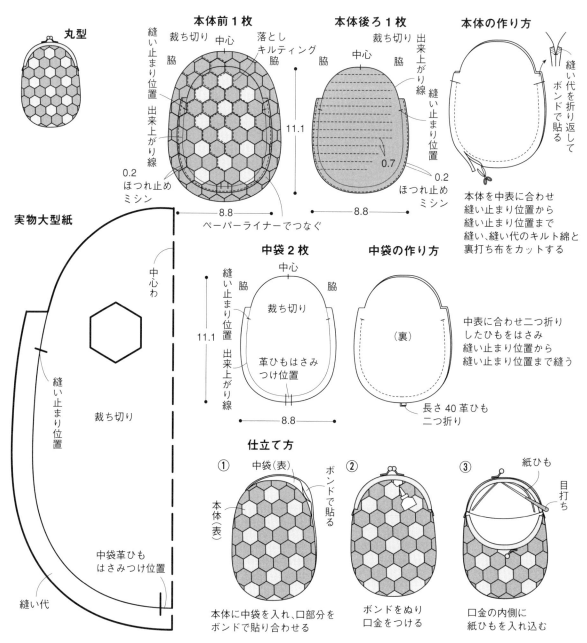

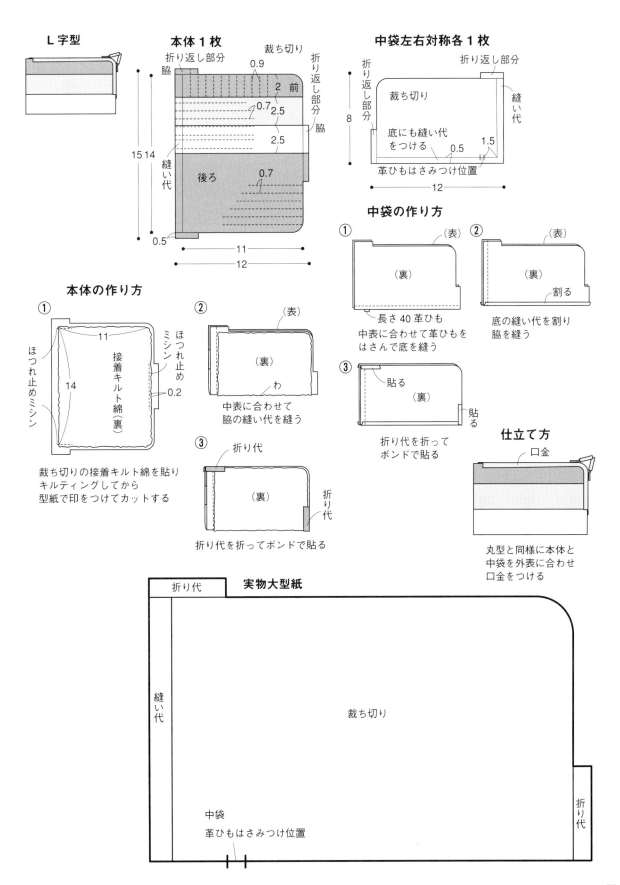

L字型

本体1枚

折り返し部分
脇
裁ち切り
0.9
折り返し部分
脇
2 前
0.7 2.5
2.5
15 14
縫い代
後ろ 0.7
0.5
11
12

中袋左右対称各1枚

折り返し部分
折り返し部分
裁ち切り
縫い代
8
底にも縫い代
をつける
0.5 1.5
革ひもはさみつけ位置
12

中袋の作り方

① （表）
（裏）
長さ40 革ひも
中表に合わせて革ひもを
はさんで底を縫う

② （表）
（裏）
割る
底の縫い代を割り
脇を縫う

③ 貼る
（裏）
貼る
折り代を折って
ボンドで貼る

本体の作り方

① ミシン
ほつれ止め
接着キルト綿（裏）
14 11
ほつれ止めミシン
0.2
ほつれ止め
裁ち切りの接着キルト綿を貼り
キルティングしてから
型紙で印をつけてカットする

② （表）
（裏）
わ
中表に合わせて
脇の縫い代を縫う

③ 折り代
（裏）
折り代
折り代を折ってボンドで貼る

仕立て方

口金
丸型と同様に本体と
中袋を外表に合わせ
口金をつける

実物大型紙

折り代
縫い代
裁ち切り
折り代
中袋
革ひもはさみつけ位置

出来上がり寸法　ウサギ8.3×5.6cm　イヌ9×5cm　ネコ8.6×4.7cm

材料（1点分）

ピーシング、尾用はぎれ各種　薄手接着キルト綿、裏布各10×15cm
長さ2cmブローチピン1個　25番刺繍糸、極太毛糸、幅0.4cmリボン各適宜

作り方のポイント

＊表と裏を縫い合わせるときは、ミシン縫いのほうが形がきれいに出やすい。

作り方

①ピーシングをして本体のトップをまとめ、薄手接着キルト綿を貼る。
②尾を作る。
③本体と裏布を中表に合わせ、返し口を残して周囲を縫う。ネコは尾をはさむ。
④表に返して、返し口をまつってとじる。
⑤尾をまつりつけ、それぞれにリボンをつける。
⑥裏にブローチピンをつける。

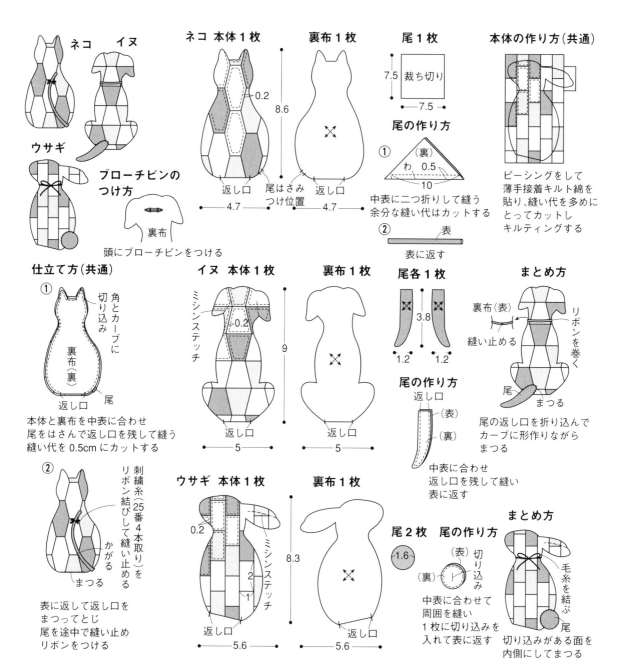

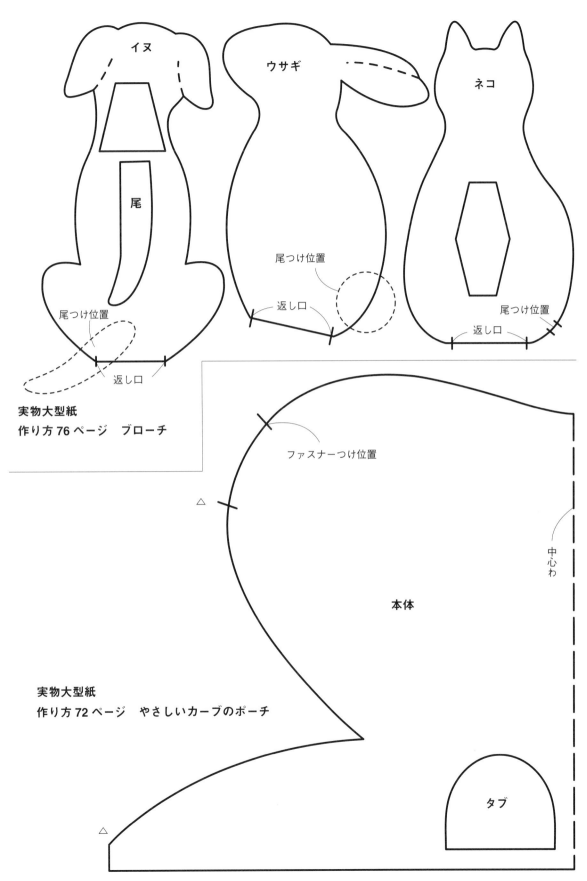

イヌ

尾

尾つけ位置

返し口

**実物大型紙
作り方76ページ　ブローチ**

ウサギ

尾つけ位置

返し口

ネコ

尾つけ位置

返し口

ファスナーつけ位置

△

本体

中心わ

△

タブ

**実物大型紙
作り方72ページ　やさしいカーブのポーチ**

材料

ピーシング用はぎれ各種　見返し用布45×10cm　直径1.3cmプラスナップ1組

作り方のポイント

＊脇を内側に折り込んで、端を縫うとき、きれいに台形になるようにアイロンをかける。

＊折り伏せ縫いと袋縫いの縫い方は38ページも参照。

作り方

①ピーシングをして本体をまとめて輪に縫う。

②持ち手と見返しを作る。

③本体に持ち手を仮止めし、見返しを中表に縫って内側に返してステッチをする。

④中表にして両脇を折り、底を縫う。

⑤表に返して脇を折り込み、端と底を縫う。

⑥ベルトを作る。

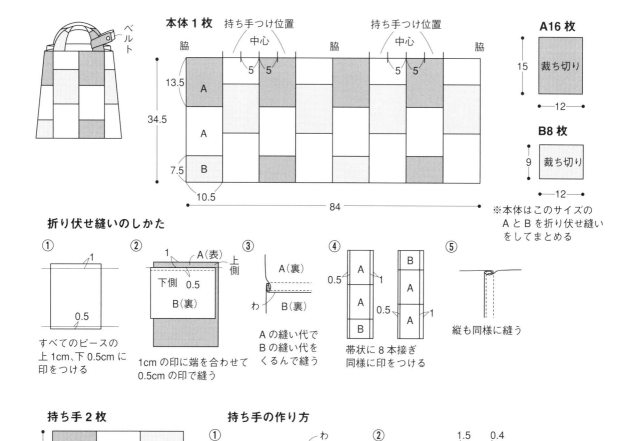

中表に重ね、両端を縫って
輪にする

仕立て方

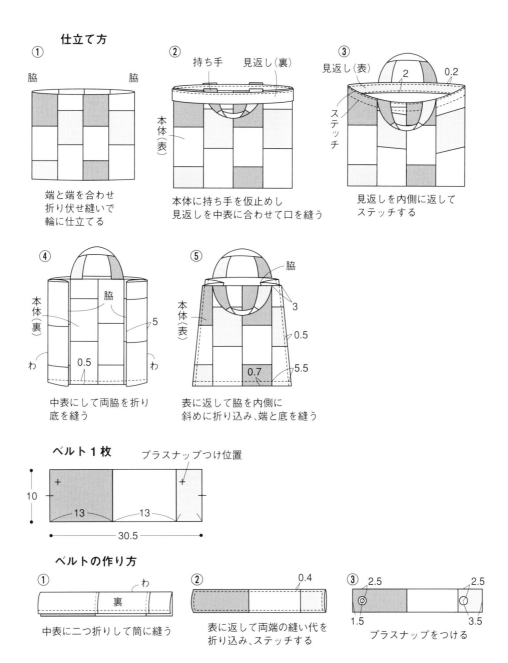

① 脇　脇

端と端を合わせ
折り伏せ縫いで
輪に仕立てる

② 持ち手　見返し(裏)

本体(表)

本体に持ち手を仮止めし
見返しを中表に合わせて口を縫う

③ 見返し(表)　2　0.2

ステッチ

見返しを内側に返して
ステッチする

④ 本体(裏)　脇　5

わ　0.5　わ

中表にして両脇を折り
底を縫う

⑤ 脇

本体(表)　3

0.5

0.7　5.5

表に返して脇を内側に
斜めに折り込み、端と底を縫う

ベルト1枚

プラスナップつけ位置

10

+　+

13　13

30.5

ベルトの作り方

① わ

裏

中表に二つ折りして筒に縫う

② 0.4

表に返して両端の縫い代を
折り込み、ステッチする

③ 2.5　2.5

1.5　3.5

プラスナップをつける

材料
ピーシング用はぎれ各種　口布（底分含む）35×20cm　キルト綿、
裏打ち布、裏布各50×20cm　直径0.3cmひも100cm　直径1cm
ループエンド2個

作り方のポイント
＊本体と底の縫い代は底側に倒す。

作り方
①ピーシングをして本体のトップをまとめる。底のトップは一枚布。
②裏打ち布、キルト綿に本体と底のトップを重ねてキルティングする。
③本体を中表に二つ折りして輪に縫う。裏布も同様に縫う。
④本体と裏布を外表に合わせ、底を中表に合わせて縫う。
⑤本体底に底裏布を合わせてまつりつける。
⑥本体に口布を中表に合わせて縫う。
⑦口布を内側に折り返し、本体にまつる。
⑧ひも通しを縫う。
⑨ひもを通して、ループエンドを通す。

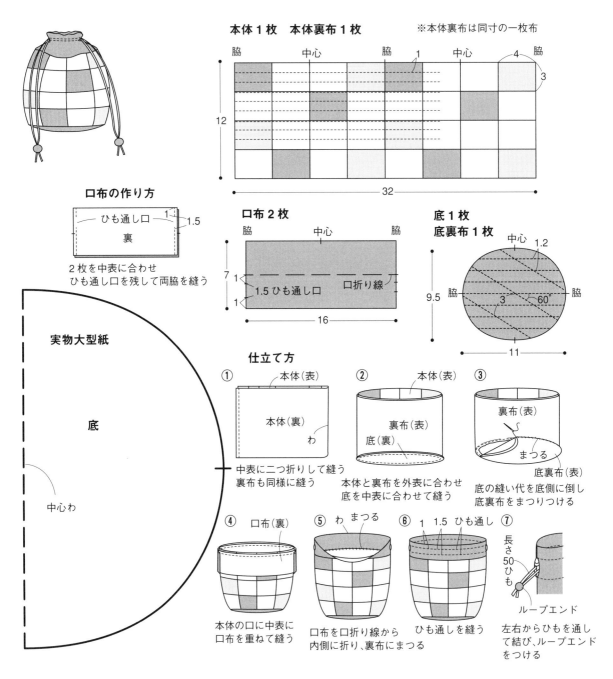

本体1枚　本体裏布1枚　　　　　※本体裏布は同寸の一枚布

脇　　　　中心　　　　脇　　1　　　中心　　　4　脇　　3

12　　　　　　　　　　　　　　　　　　　　　32

口布の作り方

ひも通し口　1　1.5
裏

2枚を中表に合わせ
ひも通し口を残して両脇を縫う

口布2枚

脇　　　中心　　　脇

7　1
1.5 ひも通し口　　口折り線
1

16

底1枚　底裏布1枚

中心　1.2
脇　　　　　　脇
9.5　　3　　60°

11

実物大型紙

底

中心わ

仕立て方

① 本体（表）
本体（裏）
わ
中表に二つ折りして縫う
裏布も同様に縫う

② 本体（表）
裏布（表）
底（裏）
本体と裏布を外表に合わせ
底を中表に合わせて縫う

③ 裏布（表）
まつる
底裏布（表）
底の縫い代を底側に倒し
底裏布をまつりつける

④ 口布（裏）
本体の口に中表に
口布を重ねて縫う

⑤ わ　まつる
口布を口折り線から
内側に折り、裏布にまつる

⑥ 1　1.5　ひも通し
ひも通しを縫う

⑦ 長さ50ひも
ループエンド
左右からひもを通し
て結び、ループエンド
をつける

80

材料（1点分）
ピーシング用はぎれ各種　ポケット用布10×15cm　裏布（ポケット側裏布分含む）30×15cm　薄手接着キルト綿20×10cm　接着芯15×10cm　フェルト2種各10×10cm　直径0.9cmプラスナップ1組

作り方のポイント
＊本体のトップは自由にピーシングするとよい。

作り方
①ピーシングをして本体のトップをまとめる。
②トップに薄手接着キルト綿を貼り、キルティングする。
③トップとポケット布を接ぐ。
④裏布とポケット側裏布を接ぐ。
⑤本体と裏布を中表に合わせてポケット側を縫う。
⑥ポケット部分を内側に折り込んで周囲を縫う。
⑦表に返して返し口をまつってとじる。
⑧針刺しを縫いつけ、プラスナップをつける。

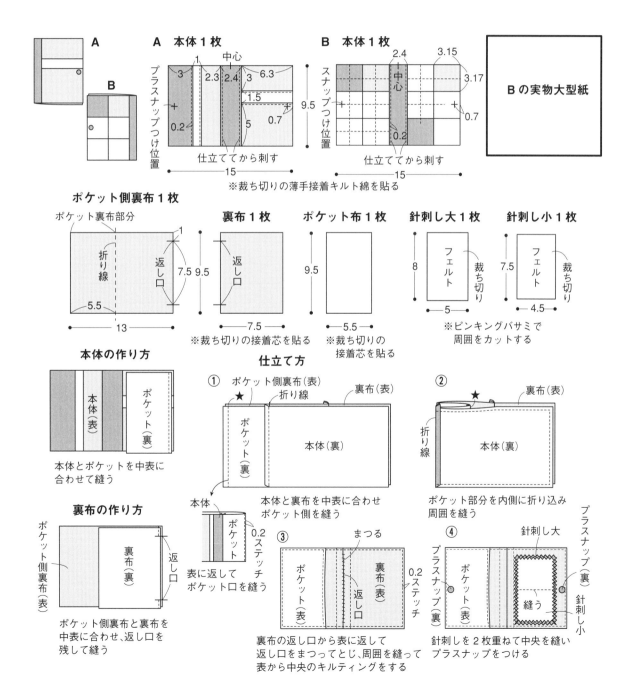

ソーイングケースセット

出来上がり寸法　ソーイングケース14×24.5cm　ニードルブック8×11cm

材料

ソーイングケース　ピーシング、アップリケ、スナップボタンくるみ用はぎれ各種　両面接着キルト綿、裏打ち布各30×35cm　ポケットA用布2種各25×15cm　ポケットB用布、ポケットB裏布各25×20cm　持ち手用布35×10cm　幅3.5cmバイヤステープ120cm　長さ22cmファスナー2本　直径1.8cm足つきボタン1個　直径1.2cm足つきボタン2個　直径0.2cmカラーゴム55cm　直径1cmスナップボタン2組　本体飾り用ボタン11個　25・8番刺繍糸適宜

ニードルブック　ピーシング用はぎれ各種　本体用布15×15cm　両面接着キルト綿、裏打ち布各15×20cm　幅3.5cmバイヤステープ60cm　フェルト2種各10×15cm　直径1cmスナップボタン1組　8番刺繍糸適宜

作り方のポイント

＊ボタンは自由につけるとよい。

作り方

ソーイングケース
①ピーシング、アップリケ、刺繍をして本体のトップをまとめる。
②裏打ち布、両面接着キルト綿に本体のトップを重ねて貼り、キルティングする。
③内側のポケットを作る。
④本体とポケットを外表に重ね、中央をステッチして固定する。
⑤持ち手を作り、ポケットに仮止めする。
⑥周囲をパイピングで始末し、本体にボタンをつける。
⑦持ち手を起こしてパイピングにかがり、スナップボタンとボタンをつける。
⑧糸通し用のカラーゴムをつける。
ニードルブック
①ピーシング、刺繍をして本体のトップをまとめる。
②裏打ち布、両面接着キルト綿に本体のトップを重ねて貼り、キルティングする。
③周囲をパイピングで始末する。
④フェルトを内側に重ねて縫う。
⑤スナップボタンをつける。

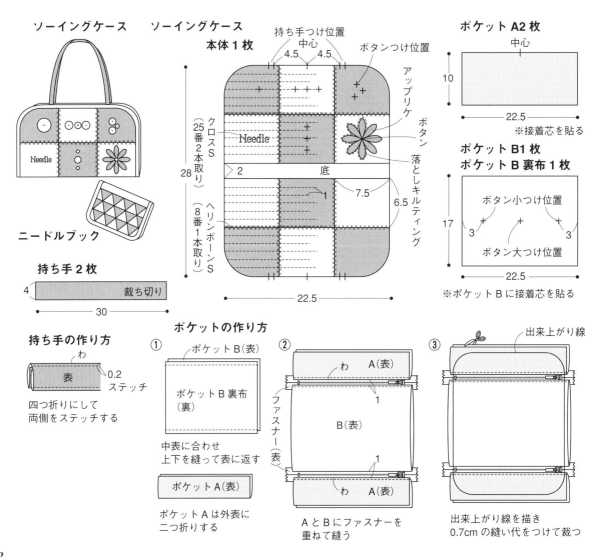

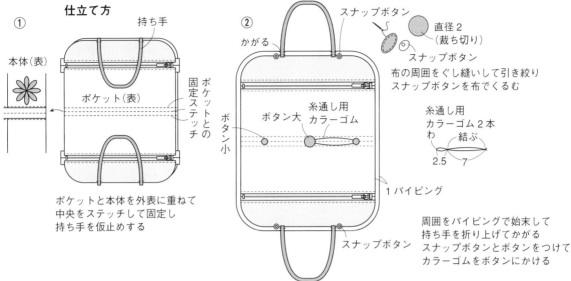

仕立て方

①

本体（表）

持ち手

ポケット（表）

ポケットとの固定ステッチ

ポケットと本体を外表に重ねて
中央をステッチして固定し
持ち手を仮止めする

②

かがる

スナップボタン

直径 2
（裁ち切り）

スナップボタン
布の周囲をぐし縫いして引き絞り
スナップボタンを布でくるむ

ボタン大

糸通し用
カラーゴム

ボタン小

糸通し用
カラーゴム 2 本
わ   結ぶ
2.5   7

1 パイピング

スナップボタン

周囲をパイピングで始末して
持ち手を折り上げてかがる
スナップボタンとボタンをつけて
カラーゴムをボタンにかける

ニードルブック

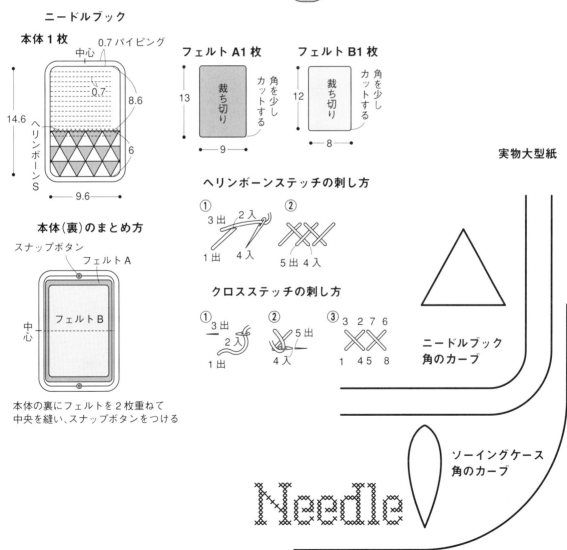

本体 1 枚

0.7 パイピング

中心

0.7

8.6

14.6

ヘリンボーン S

6

9.6

フェルト A1 枚

13

裁ち切り

角を少しカットする

9

フェルト B1 枚

12

裁ち切り

角を少しカットする

8

本体（裏）のまとめ方

スナップボタン

フェルト A

中心

フェルト B

本体の裏にフェルトを 2 枚重ねて
中央を縫い、スナップボタンをつける

ヘリンボーンステッチの刺し方

① 3 出   2 入
1 出   4 入

② 5 出   4 入

クロスステッチの刺し方

① 3 出
2 入
1 出

② 5 出
4 入

③ 3 2 7 6
1 4 5 8

実物大型紙

ニードルブック
角のカーブ

ソーイングケース
角のカーブ

Needle

材料

ヨーヨーキルト、ひも飾り用はぎれ各種　本体用布、中袋用布各25×15cm　直径0.3cmひも80cm　手芸綿適宜

作り方のポイント

＊ヨーヨーキルトの作り方は27ページ参照。

作り方

①ヨーヨーキルトを作り、本体前にまつりつける。

②本体前と後ろを中表に合わせ、ひも通し口を残して縫う。

③中袋2枚を中表に合わせて返し口を残して縫う。

④本体と中袋を中表に合わせて口を縫う。

⑤表に返して返し口をまつってとじる。

⑥ひも通しを縫う。

⑦ひもを通し、ひも飾りを作ってつける。

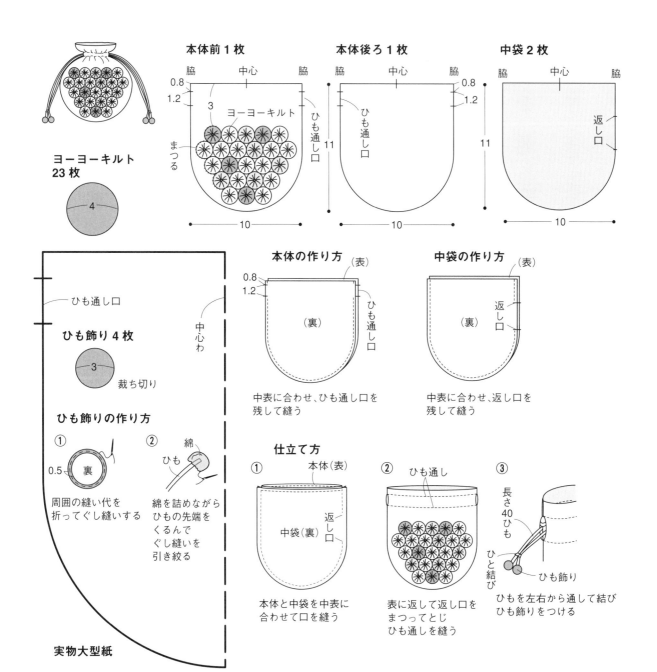

材料
ピーシング用はぎれ各種　マチ用布25×20cm　本体裏布（ファスナーマチ裏布、底マチ裏布分含む）、接着キルト綿各35×30cm　長さ20cmファスナー1本　幅0.7cmリボン15cm

作り方のポイント
＊本体の作り方は28ページ参照。

作り方
①接着キルト綿に布を重ねてステッチし、本体をまとめる。
②ファスナーマチと底マチに接着キルト綿を貼り、ファスナーマチはキルティングする。
③ファスナーマチを作り、底マチと輪に縫う。
④本体とマチを中表に合わせて縫う。
⑤本体の内側に裏布を縫いつける。
⑥ファスナー飾りをつける。

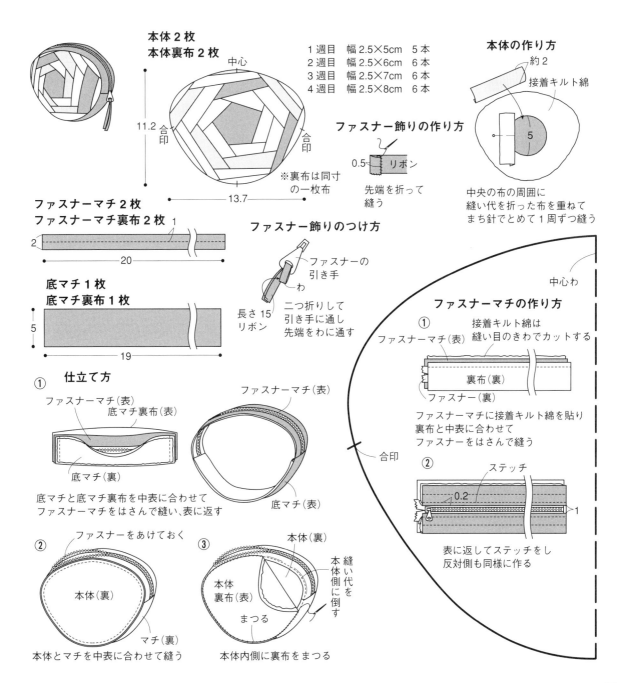

本体2枚
本体裏布2枚
中心
11.2
合印
合印
13.7
※裏布は同寸の一枚布

1週目	幅2.5×5cm	5本	
2週目	幅2.5×6cm	6本	
3週目	幅2.5×7cm	6本	
4週目	幅2.5×8cm	6本	

本体の作り方
約2
接着キルト綿
5
中央の布の周囲に縫い代を折った布を重ねてまち針でとめて1周ずつ縫う

ファスナー飾りの作り方
0.5　リボン
先端を折って縫う

ファスナーマチ2枚
ファスナーマチ裏布2枚
1
2
20

ファスナー飾りのつけ方
ファスナーの引き手
わ
長さ15リボン
二つ折りして引き手に通し先端をわに通す

底マチ1枚
底マチ裏布1枚
5
19

ファスナーマチの作り方
中心わ
①
ファスナーマチ（表）
接着キルト綿は縫い目のきわでカットする
裏布（裏）
ファスナー（裏）
ファスナーマチに接着キルト綿を貼り裏布と中表に合わせてファスナーをはさんで縫う
合印
②
ステッチ
0.2
1
表に返してステッチをし反対側も同様に作る

仕立て方
①
ファスナーマチ（表）
底マチ裏布（表）
ファスナーマチ（表）
底マチ（裏）
底マチ（表）
底マチと底マチ裏布を中表に合わせてファスナーマチをはさんで縫い、表に返す

②
ファスナーをあけておく
本体（裏）
本体とマチを中表に合わせて縫う
マチ（裏）

③
本体（裏）
本体裏布（表）
縫い代を本体側に倒す
まつる
本体内側に裏布をまつる

材料

ピーシング用はぎれ各種　底用布、底裏布各20×15cm　接着キルト綿50×20cm　直径1.5〜2.5cmボタン適宜

作り方のポイント

＊ボタンは自由につけるとよい。

作り方

①ピーシングをして本体のトップをまとめる。底のトップは一枚布。

②トップに接着キルト綿を貼り、キルティングする。

③本体を中表に二つ折りし、返し口を残して周囲を縫う。

④表に返して返し口をまつってとじる。

⑤本体を輪にして巻きかがりで縫い合わせ、口にステッチをする。

⑥底と裏布を中表に合わせて縫い、表に返す。

⑦本体と底を巻きかがりで縫い合わせる。

⑧口にボタンをつける。

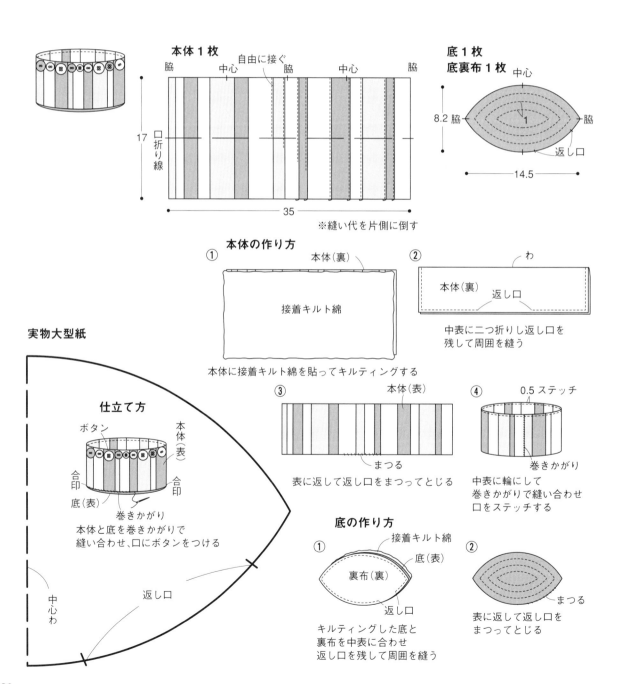

本体1枚

脇　　中心　　自由に接ぐ　脇　　中心　　脇

口折り線　17

35

※縫い代を片側に倒す

底1枚　底裏布1枚

中心

8.2 脇　　　1　　　脇

返し口

14.5

本体の作り方

① 本体(裏)

接着キルト綿

本体に接着キルト綿を貼ってキルティングする

② わ

本体(裏)　返し口

中表に二つ折りし返し口を残して周囲を縫う

③ 本体(表)

まつる

表に返して返し口をまつってとじる

④ 0.5 ステッチ

巻きかがり

中表に輪にして巻きかがりで縫い合わせ口をステッチする

実物大型紙

仕立て方

ボタン

本体(表)

合印　　　合印

底(表)

巻きかがり

本体と底を巻きかがりで縫い合わせ、口にボタンをつける

中心わ　　返し口

底の作り方

① 接着キルト綿

底(表)

裏布(裏)

返し口

キルティングした底と裏布を中表に合わせ返し口を残して周囲を縫う

② まつる

表に返して返し口をまつってとじる

P.30 **キーケース**

材料（1点分）
ピーシング、アップリケ用はぎれ各種　裏布10×25cm　ポケット用布10×20cm　ストラップ用布20×5cm　接着芯25×20cm　直径1.2cmプラスナップ1組　直径2cmキーリング1個

作り方のポイント
＊A、Bは裏布にプラスナップをつけ、Cは仕立ててから最後にプラスナップをつける。
＊プラスナップのつけ方は30ページ参照。

作り方
①接着芯に布を縫いつけ、本体をまとめる。
②ポケットとストラップを作る。
③ポケットを接着芯を貼った裏布に縫いつける。
④本体と裏布を中表に合わせてストラップをはさみ、返し口を残して周囲を縫う。
⑤表に返して返し口をまつってとじ、キーリングをつける。

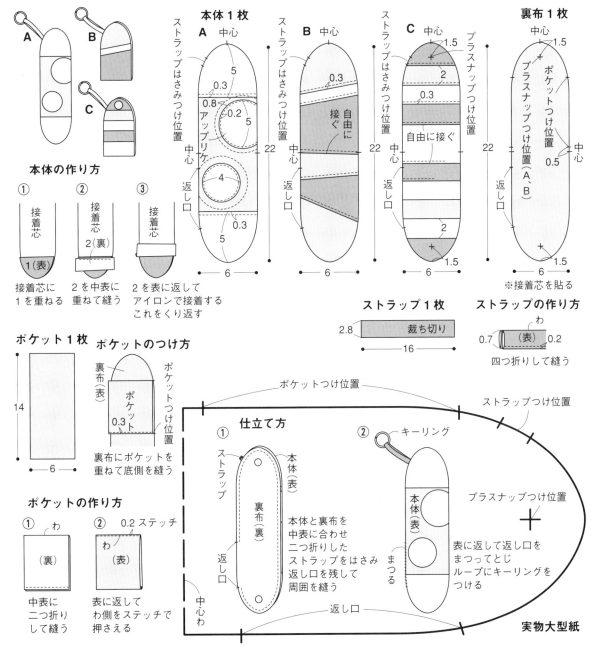

材料（1点分）

本体用はぎれ各種 裏布25×5cm ベルト用布10×5cm 接着芯
25×10cm 直径1.2cmプラスナップ1組

作り方のポイント

＊プラスナップのつけ方は30ページ参照。

作り方

①本体を好みで接ぎ合わせ、接着芯を貼る。

②ベルトを作り、接着芯を貼った裏布に縫いつける。

③本体と裏布を中表に合わせ、返し口を残して周囲を縫う。

④表に返して返し口を整え、周囲を縫う。

⑤プラスナップをつける。

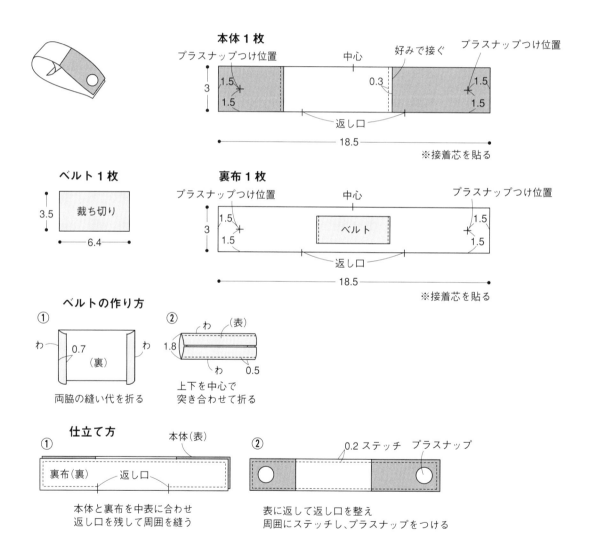

材料
ピーシング用はぎれ各種　ボーダー用布25×50cm　本体後ろ用布
65×50cm　キルト綿、裏打ち布各50×50cm　45×45cmヌード
クッション1個

作り方のポイント
＊はぎれは色分けしておくとよい。

作り方
①ピーシングをして、本体前のトップをまとめる。
②裏打ち布、キルト綿にトップを重ね、しつけをかけてキルティングする。
③本体後ろを作る。
④本体前と後ろを中表に合わせて周囲を縫い、縫い代にジグザグミシンをかける。

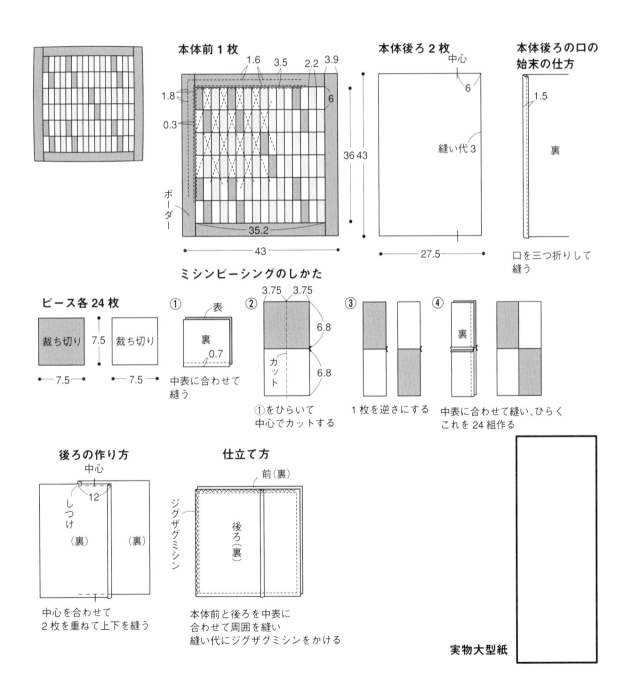

本体前 1 枚

本体後ろ 2 枚

本体後ろの口の
始末の仕方

口を三つ折りして
縫う

ミシンピーシングのしかた

ピース各 24 枚

①中表に合わせて縫う

②①をひらいて中心でカットする

③1 枚を逆さにする

④中表に合わせて縫い、ひらく
これを 24 組作る

後ろの作り方

中心を合わせて
2 枚を重ねて上下を縫う

仕立て方

本体前と後ろを中表に
合わせて周囲を縫い
縫い代にジグザグミシンをかける

実物大型紙

材料

ブランケット　ピーシング用はぎれ各種　キルト綿、裏打ち布各90×120cm　4cm幅バイヤステープ400cm
ケース　ピーシング用はぎれ各種　接着キルト綿、裏布各40×90cm

作り方のポイント

＊ブランケットの裏打ち布はワッフル地を使用。タオル地や、市販のブランケットなどのサイズに合わせて作ってもよい。ワッフル地やタオルなどではなく、普通の厚みのコットンを使う場合は、キルティングを分けずに3層をまとめてキルティングする。

作り方

ブランケット
①ピーシングをして本体のトップをまとめる。
②キルト綿にトップを重ね、しつけをかけてキルティングする。
③②に裏打ち布を重ねて落としキルティングをし、角をカーブにカットする。
④周囲をパイピングで始末する。

ケース
①ピーシングをして本体とふたのトップをまとめる。
②トップに接着キルト綿を貼り、キルティングする。
③ふたを裏布と合わせて作る。
④本体と本体裏布を中表に合わせ、ふたをはさんで口を縫う。
⑤口を中心に折り直して本体同士、裏布同士を合わせ、返し口を残して両脇を縫う。
⑥表に返して返し口をまつってとじ、本体の口をステッチする。

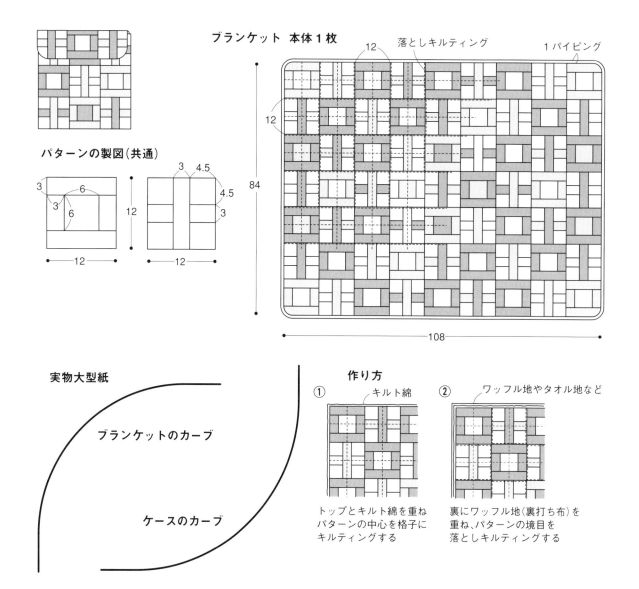

パターンの製図（共通）

ブランケット　本体1枚

実物大型紙

ブランケットのカーブ

ケースのカーブ

作り方
① トップとキルト綿を重ねパターンの中心を格子にキルティングする
② 裏にワッフル地（裏打ち布）を重ね、パターンの境目を落としキルティングする

ケース

本体 1 枚
落としキルティング
脇　中心　12　脇
12
36

本体裏布 1 枚
脇　中心　脇
72
36

ふた 1 枚
落としキルティング
12
35

ふた裏布 1 枚
35

ふたの作り方
① ふた（表）
裏布（裏）
返し口
ふたと裏布を中表に
合わせ、返し口を残して縫う

② 0.3 ステッチ
表に返して
周囲をステッチする

仕立て方
① ふた裏布（表）
本体（表）
本体裏布（裏）
接着キルト綿
本体と本体裏布を中表に
合わせ、ふたをはさんで
口を縫う

② わ
本体（表）
裏布（裏）
返し口
わ
口を中心に折り直して
本体同士、裏布同士を合わせ
返し口を残して両脇を縫う

③ ふた
本体
0.3
ステッチ
表に返して返し口を
まつってとじ
本体の口をステッチする

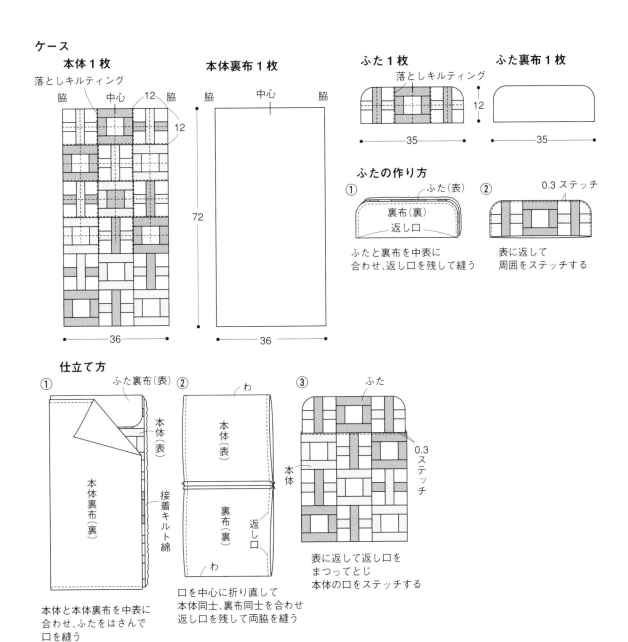

材料

共通　手芸綿適宜

ボタン　本体前用布、本体後ろ用布15×15cm　ボタン飾り台布10×10cm　厚紙、接着キルト綿5×5cm　ボタン適宜

レース　本体前用布、本体後ろ用布各15×10cm　好みのレース1枚　幅2.6cmリボン10cm

丸　本体前用はぎれ各種　本体後ろ用布15×15cm　幅0.5cmテープ35cm

作り方

ボタン、レース、丸

①ピーシングまたは一枚布で本体を作る。

②本体前と後ろを中表に合わせて返し口を残して周囲を縫う。Bはリボンをはさむ。

③表に返して綿を詰め、返し口をとじる。

④Aはボタン飾りを作ってつけ、Bはレースをまつり、Cはテープをまつる。

作り方のポイント

＊好みの布やレース、ボタンを使う。

＊実物大型紙は95ページに掲載。

＊本体にレースの布を使うときは、裏に接着芯を貼る。

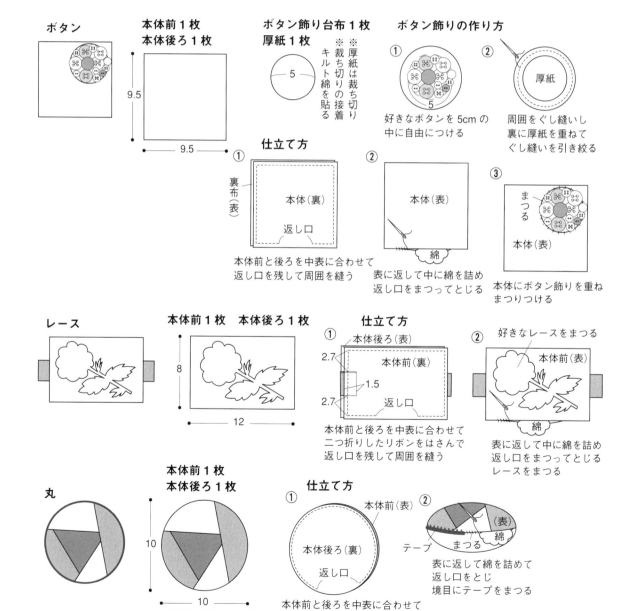

材料

共通　手芸綿適宜

だ円　本体用布6種、飾り台布、底用布各10×10cm　直径0.7cmボタン6個　厚紙15×10cm　フェルト適宜

ビスコーニュA　本体用布4種各10×10cm　底布10×10cm　裏布20×10cm　直径2.2cmボタン1個　幅1.5cmリックラックテープ45cm　幅2.5cmリボン10cm

ビスコーニュB　本体用布15×15cm　底用布10×10cm　裏布、花飾り用布20×10cm　直径1.5cmつつみボタン1個

作り方のポイント

＊ビスコーニュの作り方は35ページ参照。

＊実物大型紙は95ページに掲載。

作り方

だ円

①ピーシングをして本体を作る。

②飾りと底を作る。

③本体の上下をぐし縫いして引き絞り、上に飾り、下に底をまつって綿を詰める。飾り布の厚紙は本体にまつってから内側から抜く。

ビスコーニュ

①ピーシングをして本体を作る。

②Bはつつみボタンと花びらを作る。

③35ページを参照して本体と底を縫い合わせ、綿を詰める。

④中心にボタンや花、Aは接ぎ目にテープを縫いつける。

だ円

本体 1枚

8

4　4　5　5.5　4　4

26.5

飾り台布 1枚
厚紙 1枚

4

6

※厚紙は裁ち切り
※裁ち切りの接着
キルト綿を貼る

底 1枚
厚紙 1枚

6

※厚紙は裁ち切り

本体の作り方

① 本体（裏）　わ

中表に合わせて短辺を縫う

② 本体（表）

上下をぐるりとぐし縫いし飾りと底の大きさに合わせて引き絞る

飾りの作り方

① ボタン　フェルト

6

好きなボタンとフェルトを6×4cmの中に自由につける

② 厚紙

周囲をぐし縫いし裏に厚紙を重ねてぐし縫いを引き絞る

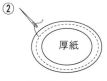

底の作り方

厚紙

周囲をぐし縫いし裏に厚紙を重ねてぐし縫いを引き絞る

まとめ方

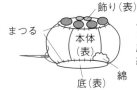

飾り（表）

まつる

本体（表）

底（表）　綿

上に飾り、下に底をまつりつける
底は3cmほど残して綿を詰めてからとじる

ビスコーニュ

本体 1枚（共通）

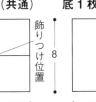

4

4

飾りつけ位置

底 1枚、裏布 2枚（共通）

8

8

B つつみボタン 1枚

3

裁ち切り

B 花びら 16枚

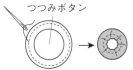

つつみボタンの作り方

つつみボタン

周囲をぐし縫いしつつみボタンを入れてぐし縫いを引き絞る

花びらの作り方

返し口

2枚を中表に合わせて縫い返し口から表に返す

まとめ方

山をまつる　リックラックテープ

3

端を隠す　リボン　まつる

接ぎ目にリックラックテープをまつり、テープの端を隠すようにリボンのタブをつける

花びら

つつみボタン

まつる

花びらの上につつみボタンを重ねて上からまつる

材料

本体用布（持ち手通し分含む）65×30cm　ポケット用布2種各35×20cm　中袋用布（内ポケット分含む）55×45cm　接着芯60×40cm　幅2cm平テープ60cm　直径2.5cmボタン1個

作り方のポイント

＊ポケットを縫いつけるときは、入れ口側を補強のために三角に縫う。

作り方

①ポケットを作り、本体に縫いつける。
②内ポケットを作り、中袋に縫いつける。
③持ち手通しを作る。
④本体を中表に合わせ、両脇と底を縫い、マチを縫う。
⑤中袋は底に返し口を残して本体と同様に縫う。
⑥本体の口に持ち手通しを仮止めし、中袋を中表に合わせて縫う。
⑦表に返して返し口をまつってとじ、本体と持ち手通し部分の接ぎ目をステッチで押さえる。
⑧ボタンをつける。

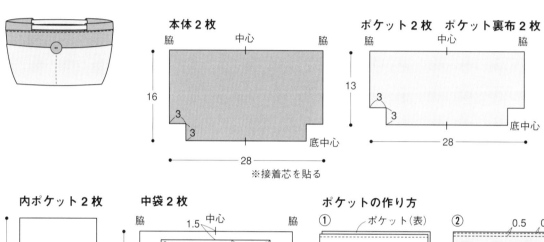

本体2枚
脇　中心　脇　16　28　底中心　3　3　※接着芯を貼る

ポケット2枚　ポケット裏布2枚
脇　中心　脇　13　3　3　底中心　28

内ポケット2枚
20　20

中袋2枚
脇　1.5　中心　脇　7　仕切り　内ポケット　16　3　3　底中心　28

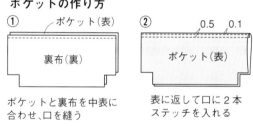

ポケットの作り方
①ポケット（表）　裏布（裏）
ポケットと裏布を中表に合わせ、口を縫う

②0.5　0.1　ポケット（表）
表に返して口に2本ステッチを入れる

内ポケットの作り方
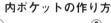
①接着芯　10　20
半分に接着芯を貼る

②返し口　わ
中表に二つ折りし返し口を残して周囲を縫う

③返し口　下　上　0.5　わ
表に返して返し口を整えわ側を縫う

本体のまとめ方

三角に縫う　中心　本体（表）
ポケット（表）
本体にポケットを重ねて中心を縫う

持ち手通し2枚
6　16

持ち手通しの作り方
ジグザグミシン　わ　（裏）　わ
両端の縫い代にジグザグミシンをかけ縫い代を折る

持ち手通しのまとめ方

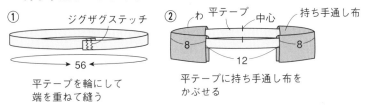

① ジグザグステッチ

← 56 →

平テープを輪にして
端を重ねて縫う

② わ　平テープ　中心　持ち手通し布

8　　12　　8

平テープに持ち手通し布を
かぶせる

仕立て方

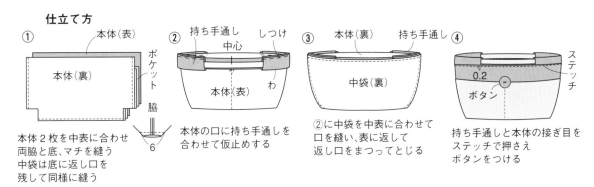

① 本体（表）
本体（裏）
ポケット
脇
6

本体2枚を中表に合わせ
両脇と底、マチを縫う
中袋は底に返し口を
残して同様に縫う

② 持ち手通し
中心　しつけ
本体（表）
わ

本体の口に持ち手通しを
合わせて仮止めする

③ 本体（裏）　持ち手通し
中袋（裏）

②に中袋を中表に合わせて
口を縫い、表に返して
返し口をまつってとじる

④ ステッチ
0.2
ボタン

持ち手通しと本体の接ぎ目を
ステッチで押さえ
ボタンをつける

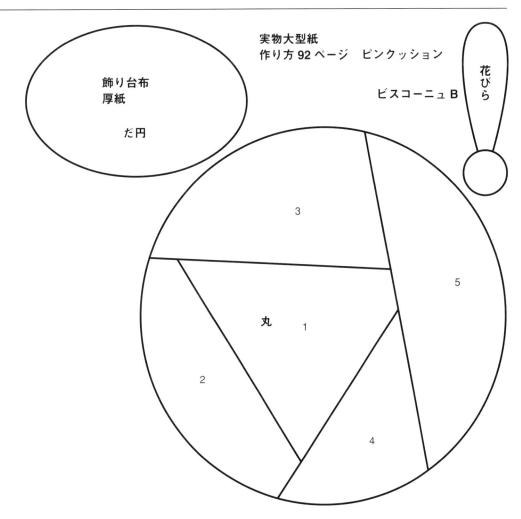

飾り台布
厚紙

だ円

実物大型紙
作り方92ページ　ピンクッション

ビスコーニュB

花びら

3

5

丸　1

2

4

材料

ソーイングケース　アップリケ用布、両面接着シート各10×15cm
本体用布、裏布、接着キルト綿、接着芯各25×20cm　長さ15cm
ファスナー1本　直径0.6cmボタン1個
ニードルケース　本体用布(ポケット分含む)25×20cm　裏布、接
着キルト綿各15×20cm　接着芯10×15cm　フェルト5×5cm　直
径1cmマグネットボタン1組

作り方のポイント

＊ソーイングケースのハサミのアップリケは、両面接着シートで裁ち
切りのまま本体に貼ってからステッチで押さえる。

作り方

ソーイングケース
①本体前と後ろに接着キルト綿、接着芯の順に貼り、本体前はアップ
リケをする。
②本体前と後ろをそれぞれ裏布と中表に合わせ、返し口を残して周囲を
縫う。
③表に返して、返し口をまつってとじる。
④ファスナーをつける。
⑤本体を中表に合わせ、巻きかがりで縫い合わせる。
ニードルケース
①ポケットを作る。
②本体に接着芯を貼り、針刺しを縫いつけ、ポケットを仮止めする。
③裏布に接着キルト綿を貼り、ステッチをする。
④本体と裏布を中表に合わせ、返し口を残して周囲を縫う。
⑤表に返して返し口をまつってとじ、マグネットボタンをつける。

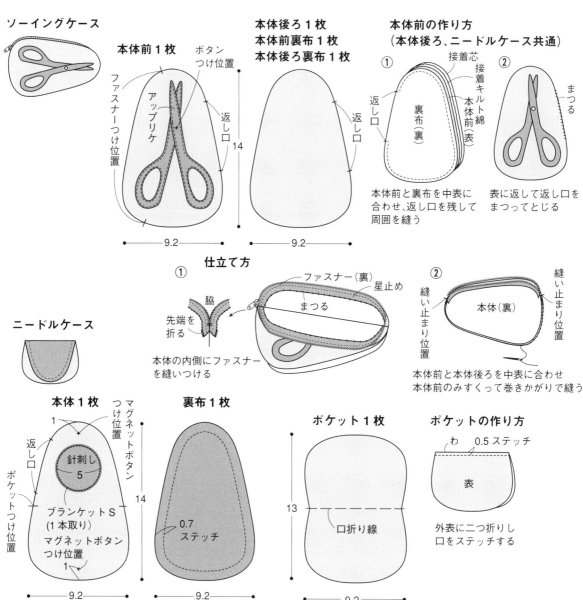

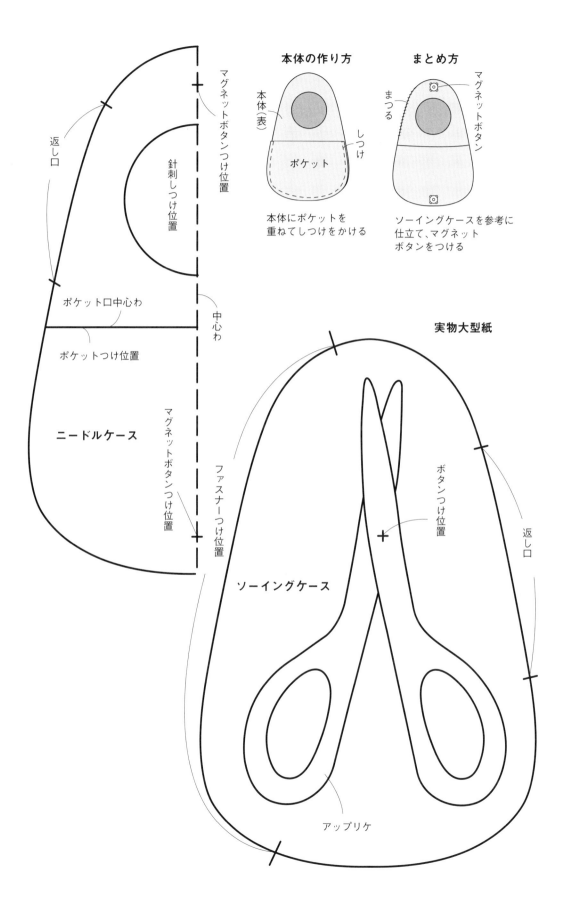

本体の作り方

本体（表）
しつけ
ポケット

本体にポケットを
重ねてしつけをかける

まとめ方

まつる
マグネットボタン

ソーイングケースを参考に
仕立て、マグネット
ボタンをつける

マグネットボタンつけ位置

返し口

針刺しつけ位置

ポケット口中心わ

中心わ

ポケットつけ位置

ニードルケース

マグネットボタンつけ位置

ファスナーつけ位置

実物大型紙

ボタンつけ位置

返し口

ソーイングケース

アップリケ

材料

本体A用布（ふた、持ち手、パイピング用バイヤステープ分含む）40×25cm　本体B用布（ふた裏布分含む）25×35cm　本体A裏布（本体B裏布分含む）45×25cm　接着キルト綿20×20cm　接着芯（本体B、ふた、マグネットボタン分）40×25cm　直径1.6cmマグネットボタン1組　長さ18cmファスナー2本

作り方のポイント

＊はぎれを組み合わせて作ってもよい。

作り方

①本体Aに接着キルト綿を貼ってキルティングする。

②本体Aと裏布を中表に合わせてファスナーをはさみ、上下にファスナーをつける。

③本体Bに接着芯を貼り、裏布と中表に合わせて縫い、②のファスナーにつける。

④③を外表に二つ折りして両脇を縫い、縫い代をパイピングで始末する。

⑤マグネットボタンをつける。

⑥ふたと持ち手を作る。

⑦本体の後ろにふたと持ち手をまつりつける。

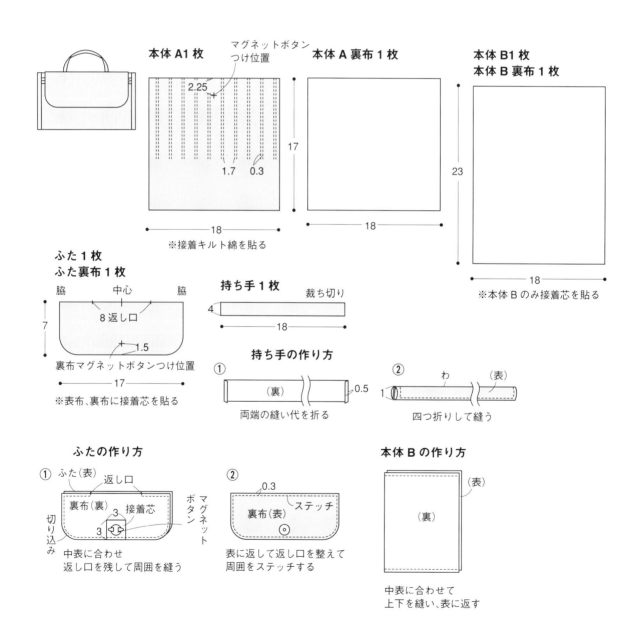

仕立て方

①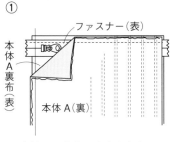

ファスナー（表）

本体A裏布（表）

本体A（裏）

本体Aと本体A裏布を中表に
合わせ、ファスナーをはさんで縫う

②

ファスナー（表）

本体A（表）

0.2 ステッチ

表に返して口をステッチで押さえる
同様に反対側にもファスナーをつける

③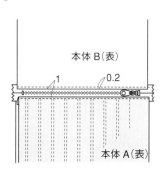

本体B（表）

1   0.2

本体A（表）

本体Bをファスナーに
縫いつける

④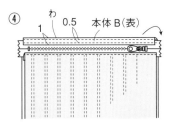

わ 0.5 本体B（表）

1

本体Bを裏側に折り、ステッチする

⑤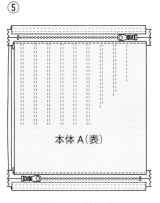

本体A（表）

反対側も同様に縫う

⑥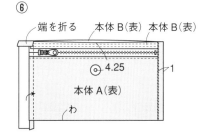

端を折る 本体B（表） 本体B（表）

4.25

本体A（表）

わ

1

外表に二つ折りしてバイヤステープを
中表に重ねて両脇を縫い、縫い代を
パイピングで始末する
本体Aにマグネットボタンをつける

マグネットボタンのつけ方

座金 布（裏）

マグネットボタンを差し込んで
爪を外側に折る

ふたと持ち手のつけ方

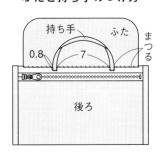

持ち手 ふた まつる

0.8 7

後ろ

後ろにふたと持ち手を
まつりつける

実物大型紙

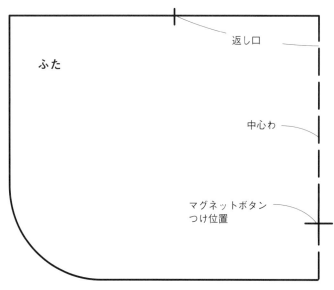

ふた

返し口

中心わ

マグネットボタン
つけ位置

材料

ピーシング、ファスナー足し布用はぎれ各種　本体前用布（本体前上布、ループ分含む）35×25cm　ふた裏布（本体前裏布、前ポケット裏布、本体後ろ裏布、本体後ろ上裏布、マグネットボタン当て布分含む）60×40cm　前ポケット用布30×20cm　接着キルト綿55×35cm　長さ20cmファスナー1本　幅2cmナスかんつき肩ひも1本　内寸1.7cmDかん2個　直径1.5cmマグネットボタン1組

作り方のポイント

＊本体前に接着キルト綿を貼るとき、下側は縫い代分をあけて貼る。

作り方

①ピーシングをしてふた、本体後ろ、本体後ろ上のトップをまとめる。本体前、前ポケットは一枚布。
②トップに接着キルト綿を貼り、ふたと本体後ろと本体後ろ上はキルティングする。
③前ポケットとふたを作り、マグネットボタンをつける。
④本体前に前ポケットを重ねてしつけで仮止めする。
⑤④にふたと本体前上を重ねて縫い、表に返す。
⑥ファスナーに足し布をつけ、本体後ろを作る。
⑦ループを作る。
⑧本体前と後ろを中表に合わせてループをはさみ、底を縫う。さらに本体後ろ側に本体前裏布を重ねて返し口を残して縫う。
⑨本体前裏布を表に返して返し口をまつってとじ、肩ひもをつける。

本体前裏布 1枚

脇　　中心　　脇
18
26

本体前上 1枚

ループつけ位置
脇　　中心　　脇
2
8
26

本体前 1枚

脇　　中心　　脇
16
26

本体前用接着キルト綿 1枚

18
裁ち切り
26

前ポケット 1枚
前ポケット裏布 1枚

中心
14
6.5
26

※接着キルト綿は裁ち切り

ふた 1枚

落としキルティング
脇　中心　脇

5
25

※接着キルト綿は裁ち切り

ふた裏布 1枚

脇　中心　脇　マグネットボタンつけ位置
10
1.5
25

本体後ろ上 1枚
本体後ろ上裏布 1枚

落としキルティング
脇　　中心　　脇
3
10　4　3　2.5　6.5
26

※接着キルト綿は裁ち切り
※裏布は同寸の一枚布

本体後ろ 1枚
本体後ろ裏布 1枚

落としキルティング
脇　　中心　　脇
13
10　4　3　2.5　6.5
26

※接着キルト綿は裁ち切り
※裏布は同寸の一枚布

ふたの作り方

①
ふた（表）
接着キルト綿
ふた裏布（裏）

ふたに接着キルト綿を貼ってキルティングし裏布を中表に重ねて縫う

②
0.3ステッチ
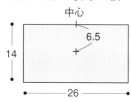
表に返して周囲をステッチする
マグネットボタンをつける

本体後ろの作り方

①
本体後ろ上裏布（表）
ファスナー（表）
本体後ろ上（裏）

本体後ろと後ろ上に接着キルト綿を貼り、後ろ上と裏布を中表に合わせてファスナーをはさんで縫う

②
1　0.3
ステッチ
本体後ろ

表に返してステッチで押さえる
本体後ろも同様に縫いつける

前ポケットの作り方

①
前ポケット（裏）
接着キルト綿（裁ち切り）
裏布（表）

接着キルト綿を貼った前ポケットと裏布を中表に重ねて縫う

②
0.3ステッチ
前ポケット（表）
15
表に返して口をステッチする
マグネットボタンをつける

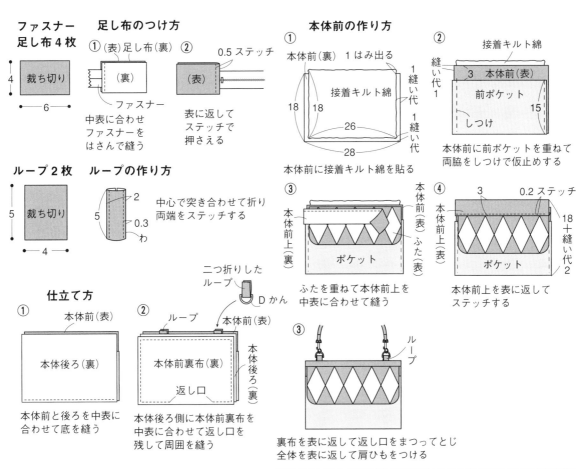

ファスナー足し布4枚

裁ち切り

4 — 6

足し布のつけ方

① (表)足し布(裏)

ファスナー
中表に合わせ
ファスナーを
はさんで縫う

② 0.5 ステッチ

(表)

表に返して
ステッチで
押さえる

本体前の作り方

①

本体前(裏) 1 はみ出る

接着キルト綿

18 18

26

28

1 縫い代
1 縫い代

本体前に接着キルト綿を貼る

②

接着キルト綿

縫い代 1

3 本体前(表)

前ポケット 15

しつけ

本体前に前ポケットを重ねて
両脇をしつけで仮止めする

ループ2枚

裁ち切り

5 — 4

ループの作り方

2
0.3
わ
5

中心で突き合わせて折り
両端をステッチする

③

本体前上(裏)

本体前(表)

ふた(表)

ポケット

ふたを重ねて本体前上を
中表に合わせて縫う

④

3 0.2 ステッチ

本体前上(表)

18＋縫い代2

ポケット

本体前上を表に返して
ステッチする

仕立て方

①

本体前(表)

本体後ろ(裏)

本体前と後ろを中表に
合わせて底を縫う

②

二つ折りした
ループ

D かん

ループ

本体前(表)

本体前裏布(裏)

返し口

本体後ろ(裏)

本体後ろ側に本体前裏布を
中表に合わせて返し口を
残して周囲を縫う

③

ループ

裏布を表に返して返し口をまつってとじ
全体を表に返して肩ひもをつける

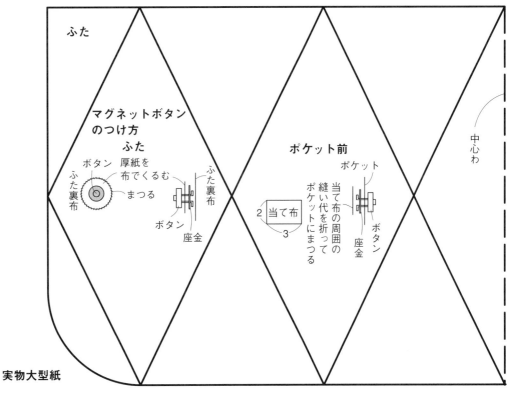

ふた

**マグネットボタン
のつけ方**

ふた

ボタン 厚紙を
布でくるむ

まつる

ふた裏布

ボタン

座金

ふた裏布

ポケット前

ポケット

当て布の周囲の縫い代を折って
ポケットにまつる

2 当て布
3

ボタン

座金

中心わ

実物大型紙

材料

アップリケ用はぎれ各種　本体用布2種各35×20cm　本体裏布（ポケット裏布分含む）100×40cm　ポケット用布95×20cm　肩ひも用布（ループ分含む）10×135cm　接着芯90×35cm　幅2cm送りかん1個　内寸2.4cmDかん、ナスかんつき内寸2cmDかん各2個　かくしマグネットボタン1組　長さ20cmファスナー1本

作り方のポイント

＊ポケット用布や裏布は同じ布にしても、違う布にしてもよい。
＊ポケットAと本体を縫うとき、本体のふた側の周囲も縫う。

作り方

①本体をピーシングしてアップリケをする。
②本体と本体裏布を中表に合わせ、返し口を残して縫う。
③表に返して返し口を整える。
④ポケット3枚を本体と同様に作る。
⑤ポケットAとBにファスナーをつける。
⑥ループを作り、Dかんを通す。
⑦ポケットAとBを中表に合わせ、ループをはさんで縫い線を縫う。
⑧ポケットBにCを重ねて縫う。
⑨ポケットAと本体を重ねて縫う。
⑩肩ひもを作り、つける。

本体 1枚

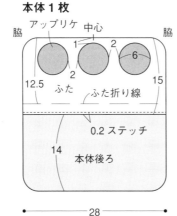

脇　アップリケ　中心　脇
1　2
6
12.5　ふた　15
ふた折り線
29
0.2 ステッチ
14　本体後ろ
28
※接着芯を貼る

本体裏布 1枚

脇　中心　脇
1
マグネットボタン
つけ位置
29
28

かくしマグネットボタン（縫いつけタイプ）

ポケット A、B、C 各1枚
ポケット裏布 3枚

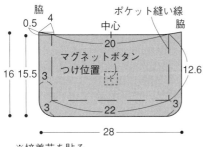

脇　ポケット縫い線　脇
0.5　4　中心
20
マグネットボタン
つけ位置
16　15.5　12.6
3
3　22　3
28
※接着芯を貼る
※マグネットボタンはCのみにつける

ポケットと本体の作り方

（表）
（裏）　返し口
中表に合わせて返し口を
残して周囲を縫う
表に返して返し口を整える

本体表（表）
本体裏（裏）　返し口

肩ひも 1本

8　裁ち切り
125

ループ 2枚

8　裁ち切り
6

ループの作り方

端にミシン・ジグザグ
① わ
2
0.2
四つ折りして
ステッチする

② Dかん
1.2
Dかんを
通して縫う

肩ひものまとめ方

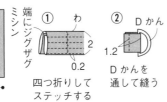

① Dかんつきナスかん
送りかん　2
片方に送りかんを通して縫い
Dかんつきナスかんを通す

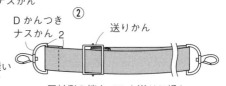

② Dかんつきナスかん　2　送りかん
反対側の端をベルト送りに通し
Dかんつきナスかんをつける

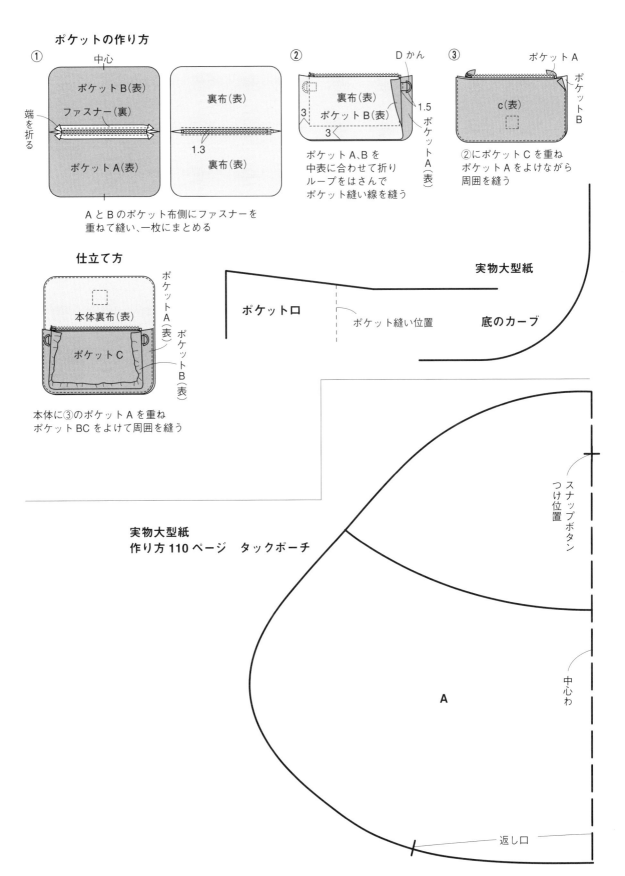

ポケットの作り方

① 中心

ポケットB(表)
ファスナー(裏)
ポケットA(表)
端を折る

裏布(表)
1.3
裏布(表)

AとBのポケット布側にファスナーを
重ねて縫い、一枚にまとめる

② Dかん

裏布(表)
ポケットB(表)
3
3
1.5
ポケットA(表)

ポケットA、Bを
中表に合わせて折り
ループをはさんで
ポケット縫い線を縫う

③ ポケットA

c(表)
ポケットB

②にポケットCを重ね
ポケットAをよけながら
周囲を縫う

仕立て方

ポケットA(表)
本体裏布(表)
ポケットC
ポケットB(表)

本体に③のポケットAを重ね
ポケットBCをよけて周囲を縫う

実物大型紙

ポケット口　　　ポケット縫い位置　　　底のカーブ

実物大型紙
作り方110ページ　タックポーチ

A

スナップボタン
つけ位置

中心わ

返し口

材料

本体A用布（ファスナーマチ、底マチ分含む）40×35cm　本体B用布（タブ、ファスナー飾り分含む）30×30cm　本体裏布（ファスナーマチ裏布、底マチ裏布、内ポケット分含む）65×40cm　接着キルト綿50×35cm　幅2.5cmパイピングコード用バイヤステープ130cm　幅0.3cmパイピングコード用ひも130cm　長さ30cmファスナー1本　直径0.7cmフェルトシール14枚

作り方のポイント

＊フェルトシールを貼り、中心をフレンチノットステッチで押さえる。
＊本体とマチを縫い合わせたあと、マチ側の縫い代のカーブに切り込みを入れる。
＊本体裏布は本体に1枚ずつ中表に合わせて、返し口を残して縫う。
＊接着キルト綿は裁ち切り。

作り方

①A、Bを接ぎ、本体のトップをまとめる。
②本体のトップに接着キルト綿を貼ってキルティングし、フェルトシールを貼る。
③パイピングコードを作り、本体に仮止めする。
④底マチとファスナーマチに接着キルト綿を貼り、底マチはキルティングをする。
⑤ファスナーマチ、タブを作り、底マチと輪に縫う。
⑥内ポケットを作って本体裏布につける。
⑦本体とマチを中表に合わせて縫う。
⑧本体と裏布を中表に合わせ、反対側の本体とマチを縫わないように内側に入れて返し口を残して縫い、表に返して返し口をまつってとじる。
⑨ファスナー飾りを作り、つける。

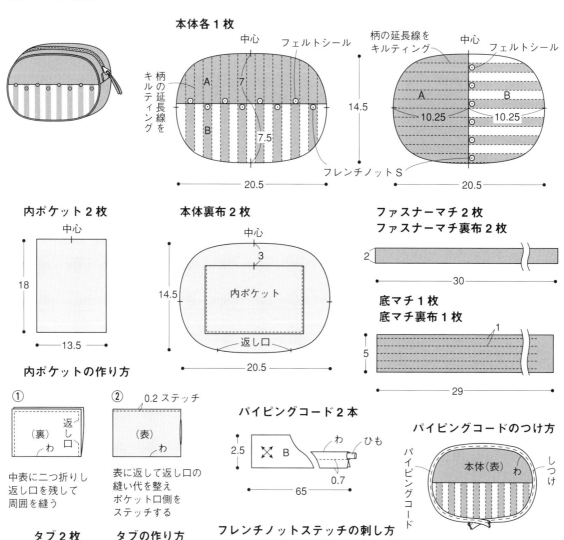

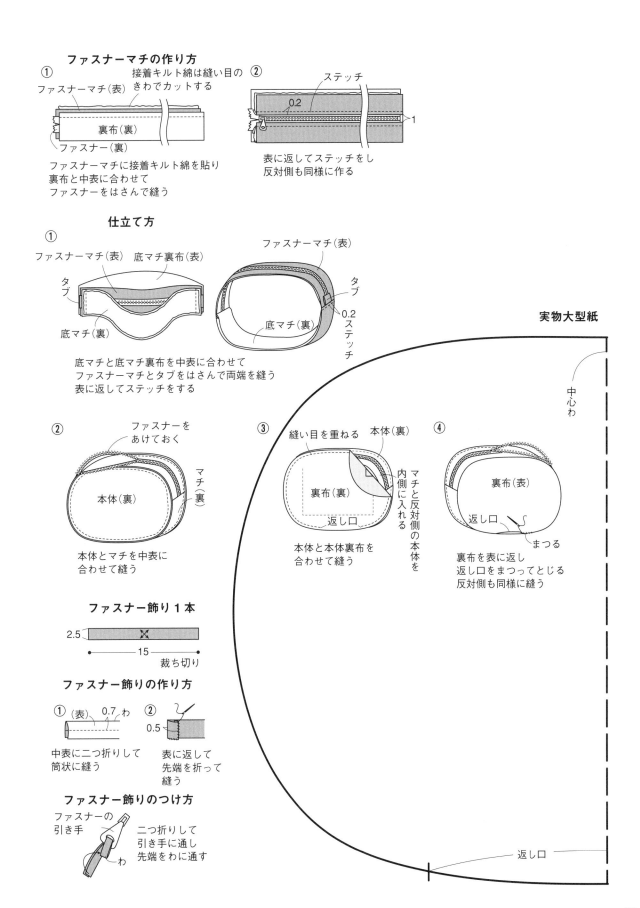

ファスナーマチの作り方

① ファスナーマチ（表）
接着キルト綿は縫い目のきわでカットする
裏布（裏）
ファスナー（裏）

ファスナーマチに接着キルト綿を貼り
裏布と中表に合わせて
ファスナーをはさんで縫う

② ステッチ
0.2
1

表に返してステッチをし
反対側も同様に作る

仕立て方

① ファスナーマチ（表）　底マチ裏布（表）
タブ
底マチ（裏）

ファスナーマチ（表）
タブ
0.2
ステッチ
底マチ（裏）

底マチと底マチ裏布を中表に合わせて
ファスナーマチとタブをはさんで両端を縫う
表に返してステッチをする

② ファスナーをあけておく
本体（裏）
マチ（裏）

本体とマチを中表に
合わせて縫う

③ 縫い目を重ねる　本体（裏）
裏布（裏）
返し口
マチと反対側の本体を内側に入れる

本体と本体裏布を
合わせて縫う

④ 裏布（表）
返し口
まつる

裏布を表に返し
返し口をまつってとじる
反対側も同様に縫う

ファスナー飾り1本

2.5
15
裁ち切り

ファスナー飾りの作り方

① （表）0.7 わ

中表に二つ折りして
筒状に縫う

② 0.5

表に返して
先端を折って
縫う

ファスナー飾りのつけ方

ファスナーの引き手
わ

二つ折りして
引き手に通し
先端をわに通す

実物大型紙

中心わ

返し口

材料

小　本体前ピーシング用はぎれ各種　本体後ろa用布15×25cm
本体後ろb用布25×25cm　本体後ろc用布35×25cm　幅4cmバイ
ヤステープ140cm　キルト綿、裏打ち布各35×35cm　30×30cm
ヌードクッション1個

大　A用布4種各20×20cm　B用布、C用布各30×25cm　D用布
50×30cm　本体後ろa用布、本体後ろb用布各35×30cm　本体後
ろc用布35×50cm　キルト綿、裏打ち布各50×50cm　40×40cm
ヌードクッション1個

作り方のポイント

＊実物大型紙は109ページに掲載。

作り方のポイント

＊仕切りは2度縫いする。
＊クッションの入れ口は負担がかかるので上下にかんぬき止めやステッ
チで補強しておくとよい。

作り方（共通）

①ピーシングをして、本体前のトップをまとめる。
②キルト綿にトップを重ね、しつけをかけてキルティングする。
③裏打ち布を②に重ねて縫い代を縫い止めておく。
④本体後ろを作る。
⑤本体前と後ろを大は中表に合わせて周囲を縫い、表に返して仕切り
を縫う。小は外表に合わせて周囲を縫い、パイピングで始末する。

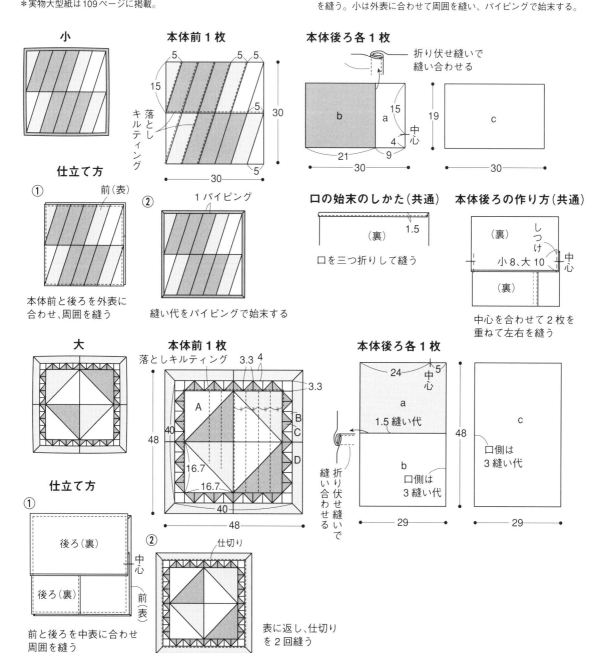

材料

マチ用はぎれ各種　花びら用布8種各15×20cm　花芯用布15×
15cm　本体前用布4種各25×25cm　本体後ろ用布4種各35×
25cm　キルト綿45×45cm　接着キルト綿15×130cm　裏打ち布
60×130cm　ヌードクッション1個

作り方のポイント

＊本体後ろの上下の縫い代は、2枚で違う方向に倒す。
＊8等分の合印をきちんと合わせる。
＊ドレスデンプレートの縫い方は11ページ参照。
＊ヌードクッションは45cm角の古いクッション2個を解体して同じ
サイズに作り直しているが、45cm角のヌードクッションをそのまま
使ったり、好きなものを詰めるとよい。

作り方

①ピーシングとアップリケをし、本体前とマチのトップをまとめる。
②裏打ち布、キルト綿（マチは裁ち切りの接着キルト綿を貼る）にトッ
プを重ね、しつけをかけてキルティングする。
③本体後ろを作る。
④本体前、マチ、本体後ろを中表に合わせて縫い、縫い代にジグザグ
ミシンをかける。

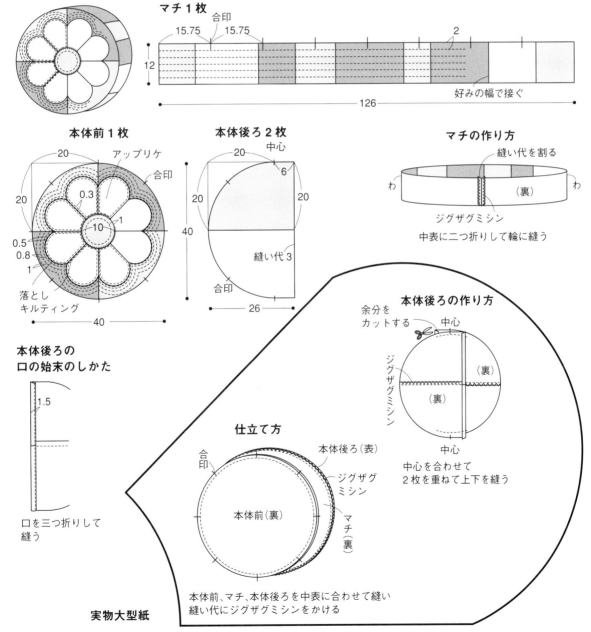

マチ1枚

合印　15.75　15.75　2
12
126
好みの幅で接ぐ

本体前1枚

20　アップリケ
20　合印
0.3
20
1
10
0.5
0.8
1
落とし
キルティング
40

本体後ろ2枚

20　中心
6
20　20
40
縫い代3
合印
26

マチの作り方

縫い代を割る
わ　（裏）　わ
ジグザグミシン
中表に二つ折りして輪に縫う

本体後ろの作り方

余分を
カットする　中心
ジグザグミシン
（裏）
（裏）
中心
中心を合わせて
2枚を重ねて上下を縫う

本体後ろの口の始末のしかた

1.5
口を三つ折りして縫う

仕立て方

合印
本体後ろ（表）
ジグザグミシン
本体前（裏）
マチ（裏）
本体前、マチ、本体後ろを中表に合わせて縫い
縫い代にジグザグミシンをかける

実物大型紙

材料

アップリケ用はぎれ各種　本体用布、接着芯各65×40cm　中袋A用布（テープ分含む）30×35cm　中袋B用布2種各35×25cm　幅0.5cmパイピングコード70cm　内径9cm高さ10.5×幅13cm持ち手1組　8番刺繍糸適宜

作り方のポイント

＊本体は着なくなったスカートを利用。
＊パイピングコードは市販のものを利用。作ってもよい。

作り方

①本体にアップリケと刺繍をし、接着芯を貼る。
②本体前にパイピングコードを仮止めし、本体後ろを中表に合わせて縫い止まり位置から縫い止まり位置まで縫う。
③AとBを接いで中袋を作り、本体と同様に縫う。
④本体と中袋を外表に合わせ、縫い止まり位置から口まで縫い代を折ってかがり合わせる。
⑤口のタックをたたみ、パイピングする。
⑥持ち手通しに持ち手を通してまつる。

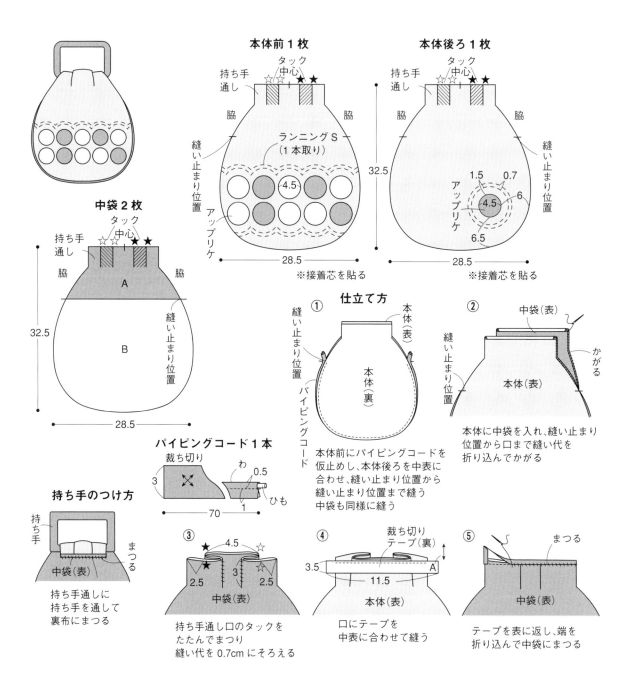

本体前 1 枚

タック
中心
持ち手通し
脇　　脇
ランニングS（1本取り）
(4.5)
縫い止まり位置
アップリケ
32.5
28.5
※接着芯を貼る

本体後ろ 1 枚

タック
中心
持ち手通し
脇　　脇
1.5　0.7
アップリケ
4.5
6
6.5
縫い止まり位置
32.5
28.5
※接着芯を貼る

中袋 2 枚

タック
中心
持ち手通し
脇　　脇
A
B
縫い止まり位置
32.5
28.5

パイピングコード 1 本

裁ち切り
3
わ
0.5
1
ひも
70

持ち手のつけ方

持ち手
中袋（表）
まつる
持ち手通しに持ち手を通して裏布にまつる

仕立て方

① 縫い止まり位置　本体（表）　本体（裏）　パイピングコード
本体前にパイピングコードを仮止めし、本体後ろを中表に合わせ、縫い止まり位置から縫い止まり位置まで縫う
中袋も同様に縫う

② 中袋（表）　縫い止まり位置　本体（表）　かがる
本体に中袋を入れ、縫い止まり位置から口まで縫い代を折り込んでかがる

③ 4.5　2.5　3　2.5　中袋（表）
持ち手通し口のタックをたたんでまつり縫い代を0.7cmにそろえる

④ 裁ち切りテープ（裏）　3.5　11.5　A　本体（表）
口にテープを中表に合わせて縫う

⑤ まつる　中袋（表）
テープを表に返し、端を折り込んで中袋にまつる

108

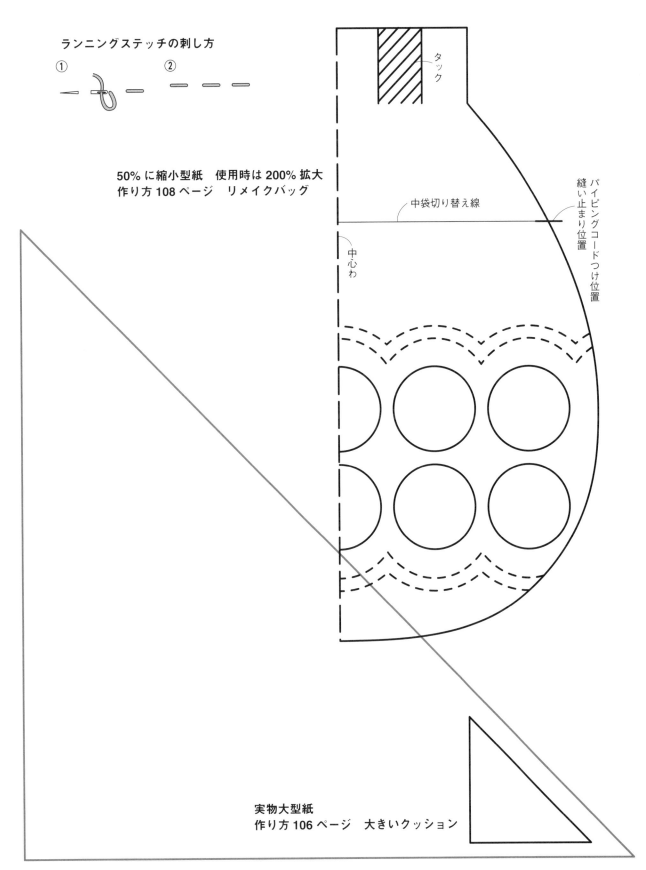

ランニングステッチの刺し方

① ②

50% に縮小型紙　使用時は 200% 拡大
作り方 108 ページ　リメイクバッグ

タック

中袋切り替え線

パイピングコードつけ位置

縫い止まり位置

中心わ

実物大型紙
作り方 106 ページ　大きいクッション

材料

B〜G用幅3cmバイヤステープ6種各20cm　A布35×25cm　裏布25×30cm　接着キルト綿25×35cm　直径1.6cmスナップボタン1組

作り方のポイント

＊タックを縫うときは、口側から3cmを縫う。
＊Aはタックをとった後にひだをアイロンでしっかり形をつける。
＊実物大型紙は103ページに掲載。

作り方

①タックを縫い、Aを作る。
②Aを接着キルト綿に仮止めし、B〜Gを縫いつける。
③周囲をカットする。
④本体と裏布を中表に合わせ、縫い止まり位置から口側を縫う。
⑤④を本体同士、裏布同士を中表に合わせ、縫い止まり位置から底側を縫う。中袋は返し口を残す。
⑥表に返して返し口をまつってとじ、スナップボタンをつける。

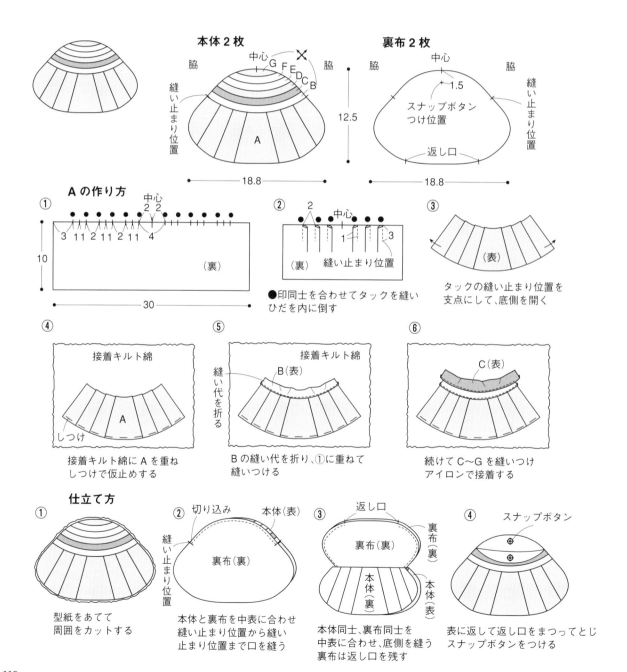

材料

ピーシング用はぎれ各種　底用布10×10cm　キルト綿、裏打ち布各30×25cm　裏布25×25cm　フリースタイルファスナー40cm　幅2cmループ用平テープ（パイピング分含む）45cm　直径1.8cmボタン1個　直径0.8cmボタン17個

作り方のポイント

＊本体の縫い代は1cm、底の縫い代は0.7cm。
＊ファスナーのつけ方は21ページも参照。
＊底の平テープは底の円周に合わせる。
＊本体のピーシングは自由。一枚布でもよい。

作り方

①ピーシングをして本体のトップをまとめる。底のトップは一枚布。
②裏打ち布、キルト綿にトップを重ね、しつけをかけてキルティングする。
③本体にボタンをつける。
④本体にファスナーを重ね、二つ折りしたループをはさんで仮止めする。
⑤本体に裏布を中表に合わせて縫う。
⑥裏布を表に返して口にステッチをし、ファスナーにスライダーを通して底を外表に合わせて縫う。
⑦縫い代を平テープでくるんで始末し、飾りボタンをつける。

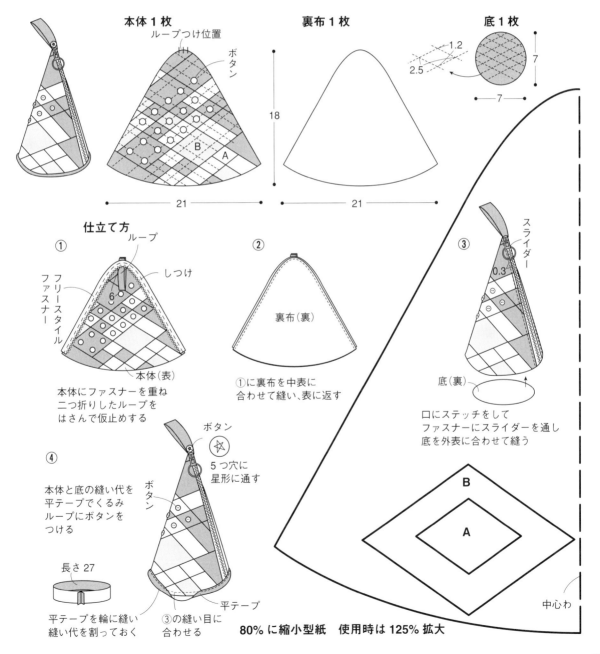

本体 1 枚
ループつけ位置
ボタン
B　A
21

裏布 1 枚
18
21

底 1 枚
1.2
2.5
7
7

仕立て方

① ループ
しつけ
フリースタイルファスナー
6
本体（表）

本体にファスナーを重ね二つ折りしたループをはさんで仮止めする

② 裏布（裏）
①に裏布を中表に合わせて縫い、表に返す

③ スライダー
0.3
底（裏）
口にステッチをしてファスナーにスライダーを通し底を外表に合わせて縫う

④ ボタン
5つ穴に星形に通す
ボタン
本体と底の縫い代を平テープでくるみループにボタンをつける
長さ27
平テープ
平テープを輪に縫い縫い代を割っておく
③の縫い目に合わせる

B
A
中心わ

80％に縮小型紙　使用時は125％拡大

111

出来上がり寸法 20×25.5cm

材料

本体前用布30×25cm 本体後ろ用布（持ち手、目用布分含む）35×35cm ポケット用布、ポケット裏布、接着芯各30×20cm 中袋用布（内ポケット分含む）70×25cm 接着キルト綿60×25cm 幅0.5cmリックラックテープ25cm 直径0.5cmボタン2個

作り方のポイント

＊刺繍は縫い糸を使う。

作り方

①アップリケとステッチをし、リックラックテープを縫いつけてポケットのトップをまとめる。

②ポケットと裏布を中表に合わせ、縫い止まり位置から縫い止まり位置まで口を縫う。

③表に返して口をステッチし、ボタンをつける。

④本体に接着キルト綿を貼り、本体前にポケットを仮止めする。

⑤持ち手を作る。

⑥本体と中袋を中表に合わせ、持ち手をはさんで口を縫う。

⑦本体同士、中袋同士を中表に合わせ、中袋に返し口を残して周囲を縫う。

⑧表に返して返し口をまつってとじ、口をステッチする。

⑨ポケットの脇を本体にまつる。

本体前 1 枚　本体後ろ 1 枚

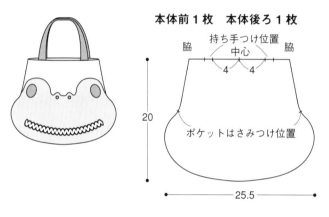

ポケット 1 枚　ポケット裏布 1 枚

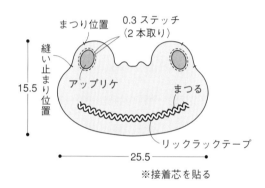

※接着芯を貼る

中袋 2 枚

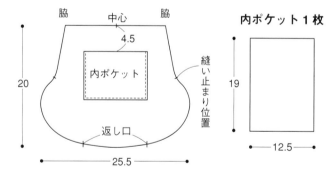

内ポケット 1 枚

内ポケットの作り方

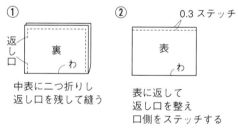

①
中表に二つ折りし
返し口を残して縫う

②
0.3 ステッチ
表に返して
返し口を整え
口側をステッチする

ポケットの作り方

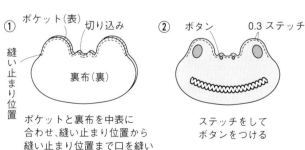

①
ポケットと裏布を中表に合わせ、縫い止まり位置から縫い止まり位置まで口を縫い縫い代に切り込みを入れて表に返す

②
ステッチをしてボタンをつける

持ち手の作り方

4 裁ち切り
24

持ち手の作り方

0.3 ステッチ
表 2

四つ折りして両端を縫う

仕立て方

①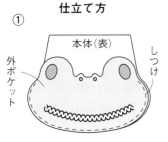

本体にポケットを
重ねて仮止めする

②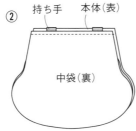

本体に持ち手を仮止めし
中袋を中表に合わせて
口を縫う

③

本体同士、中袋同士が重なるように
中表に合わせ、返し口を残して
周囲を縫う

④

表に返して返し口をまつってとじ
口をステッチする
ポケットの脇を本体にまつる

80% に縮小型紙　使用時は 125% 拡大

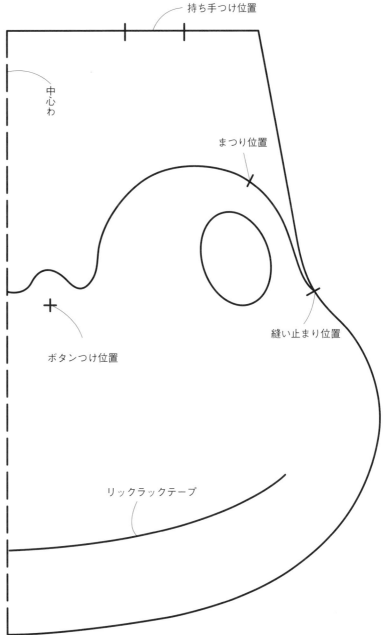

持ち手つけ位置

中心わ

まつり位置

縫い止まり位置

ボタンつけ位置

リックラックテープ

0.3 ステッチ
まつり位置
3 まつる

材料

ハリネズミ　ピーシング、前足、後ろ足、ループ用はぎれ各種　キルト綿、裏打ち布（前足、後ろ足裏布分含む）各30×20cm　8番刺繍糸適宜
カトラリー　ピーシング、ループ用はぎれ各種　キルト綿、裏打ち布各25×20cm　幅4cmバイヤステープ80cm　8番刺繍糸適宜
魚　ピーシング用はぎれ各種　生成り布（ループ分含む）35×20cm　キルト綿、裏打ち布各20×25cm　8番刺繍糸適宜

作り方のポイント

＊ハリネズミはハリネズミ感が出るようにワッシャー生地や麻などの布に質感のあるものを使用。好みでアクセントの布を入れるとよい。
＊カトラリーは綿ローンや綿シルクなどの光沢のある生地を使用。
＊魚は魚部分を明るい布にするとかわいい。

作り方

①ピーシング、アップリケ、刺繍をして本体のトップをまとめる。
②ループを作る。
③ハリネズミは前足、後ろ足を作る。
④ハリネズミと魚はトップと裏打ち布を中表に合わせてキルト綿を重ね、ループ（前足、後ろ足）をはさんで、返し口を残して周囲を縫う。カトラリーは裏打ち布、キルト綿にトップを重ね、キルティングと刺繍をする。
⑤ハリネズミと魚は表に返して返し口をまつってとじ、キルティングする。カトラリーは周囲をパイピングで始末する。
⑥カトラリーは最後にループをつける。

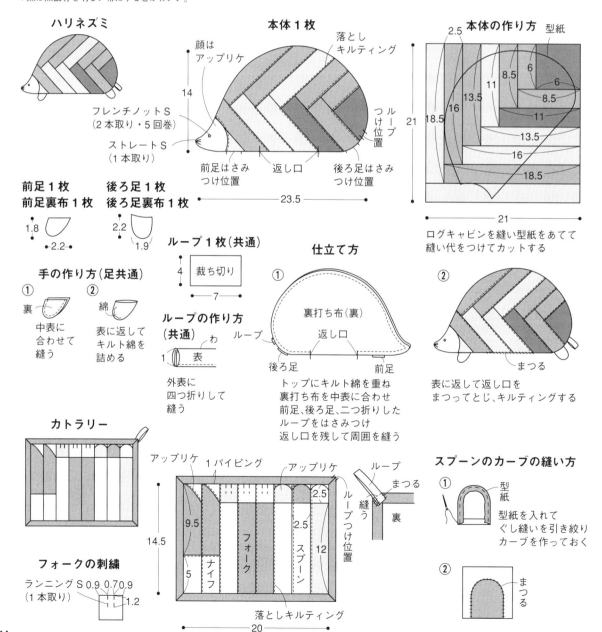

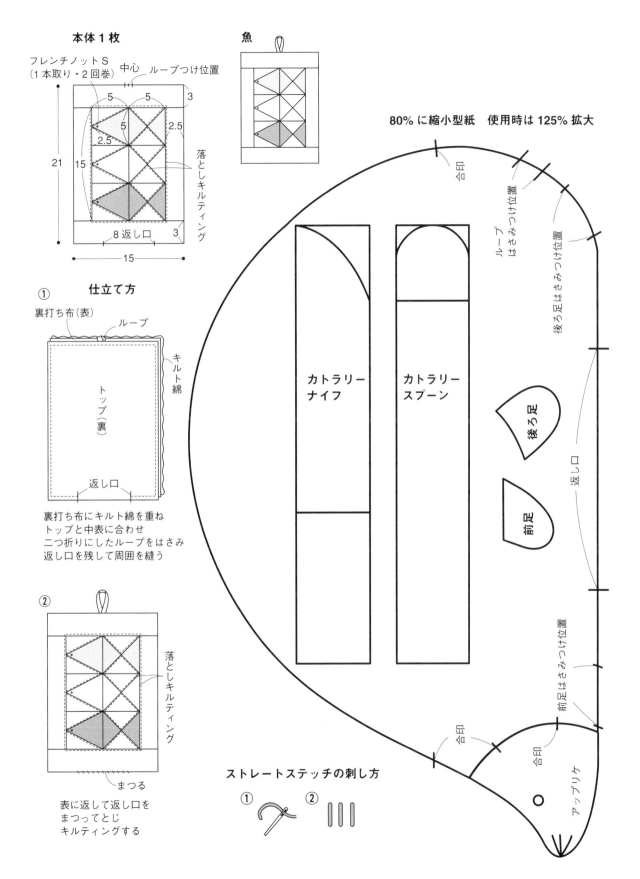

本体1枚

フレンチノットS
（1本取り・2回巻）　中心　ループつけ位置

5　5　3

5

2.5　2.5

21

15

落としキルティング

8　返し口　3

15

魚

80%に縮小型紙　使用時は125%拡大

合印

ループはさみつけ位置

後ろ足はさみつけ位置

後ろ足

前足

返し口

前足はさみつけ位置

合印

合印

アップリケ

① **仕立て方**

裏打ち布（表）　ループ

キルト綿

トップ（裏）

返し口

裏打ち布にキルト綿を重ね
トップと中表に合わせ
二つ折りにしたループをはさみ
返し口を残して周囲を縫う

②

落としキルティング

まつる

表に返して返し口を
まつってとじ
キルティングする

カトラリー
ナイフ

カトラリー
スプーン

ストレートステッチの刺し方

①　②

材料

大（円周28.5cm高さ14.8cmカップ）　ピーシング用はぎれ各種　本体A用布35×15cm　本体B用布35×10cm　本体裏打ち布35×35cm　ポケット用布、ポケット裏打ち布各30×20cm　本体上パイピング用幅3.5cmバイヤステープ35cm　本体周囲パイピング用幅3.5cmバイヤステープ100cm　ポケットパイピング用幅3.5cmバイヤステープ50cm　両面接着キルト綿50×40cm　直径1cmボタン6個　直径0.2cmカラーゴム適宜

小（円周27.6cm高さ8cmカップ）　ポケットピーシング用はぎれ各種　本体用布、裏打ち布各30×25cm　ポケット用裏打ち布25×20cm　本体上パイピング用幅3.5cmバイヤステープ30cm　ポケットパイピング用幅3.5cmバイヤステープ（本体周囲分含む）120cm　両面接着キルト綿50×30cm　直径1cmボタン4個　直径0.2cmカラーゴム適宜

作り方のポイント

＊好みのカップで作る場合は、サイズを調整する。

作り方

①ピーシングをしてポケットと大の本体のトップをまとめる。小の本体のトップは一枚布。

②本体とポケットのトップに両面接着キルト綿、裏打ち布を貼る。

③大は本体をキルティングし、型紙を当てて出来上がり線を描いてカットする。

④ポケットの口をパイピングで始末する。

⑤本体にポケットを重ねて仕切りを縫い、小はそのまま本体をキルティングする。

⑥大は本体の上をぐし縫いし、カップの底の円周に合わせてぐし縫いを引き絞る。

⑦本体の上をパイピングで始末する。大は端同士を縫い合わせる。

⑧小は谷折り線でぐし縫いし、端の糸を残したまま本体を折って仕切りを縫う。周囲をパイピングで始末し、カップの底の円周に合わせてぐし縫いを引き絞る。

⑨ボタンをつけてカップに巻きつけ、輪にしたカラーゴムで止める。

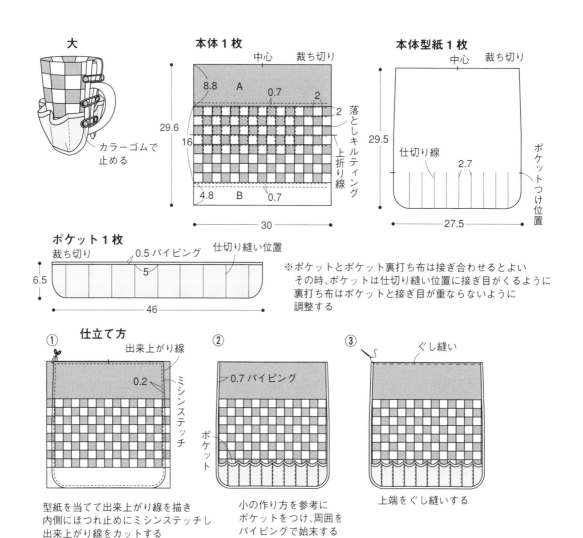

※ポケットとポケット裏打ち布は接ぎ合わせるとよい
　その時、ポケットは仕切り縫い位置に接ぎ目がくるように
　裏打ち布はポケットと接ぎ目が重ならないように
　調整する

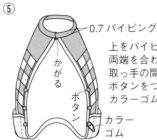

④

⑤

0.7 パイピング

上をパイピングで始末し
両端を合わせてかがる
取っ手の間と上の3か所に
ボタンをつけて
カラーゴムをかける

かがる

ボタン

カラー
ゴム

底の円周に合わせて
ぐし縫いを引き絞る

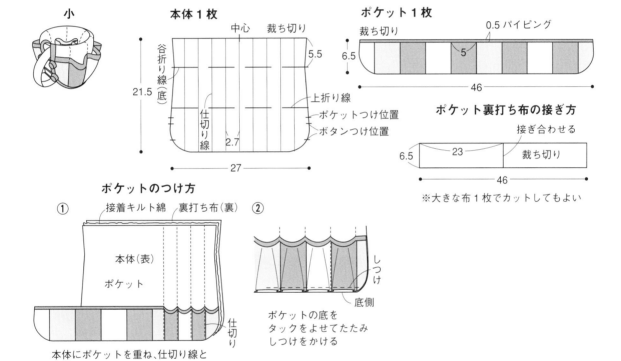

小

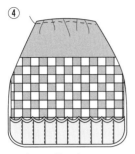

本体1枚

中心　裁ち切り

5.5

21.5

谷折り線（底）

上折り線
ポケットつけ位置
ボタンつけ位置

仕切り線

2.7

27

ポケット1枚

裁ち切り　　　　0.5 パイピング

6.5

5

46

ポケット裏打ち布の接ぎ方

接ぎ合わせる

6.5

23

裁ち切り

46

※大きな布1枚でカットしてもよい

ポケットのつけ方

①

接着キルト綿　裏打ち布（裏）

本体（表）

ポケット

仕切り

②

しつけ

底側

ポケットの底を
タックをよせてたたみ
しつけをかける

本体にポケットを重ね、仕切り線と
ポケットの接ぎ目を合わせて仕切りを縫う

仕立て方

①

ぐし縫い　0.7 パイピング

1.5
あける

1.5
あける

上をパイピングで始末して
谷折り線をぐし縫いし、糸を長めに
残しておく

②

わ

5.4

仕切り

0.7
パイピング

谷折り線で折り、①の仕切りに
合わせて仕切りを縫う
周囲をパイピングで始末する

③

ぐし縫い

ボタン

カラーゴム
（長さを
合わせる）

底の円周の長さに合わせて
ぐし縫いを引き絞り
取っ手の間2か所にボタンを
つけてゴムをかける

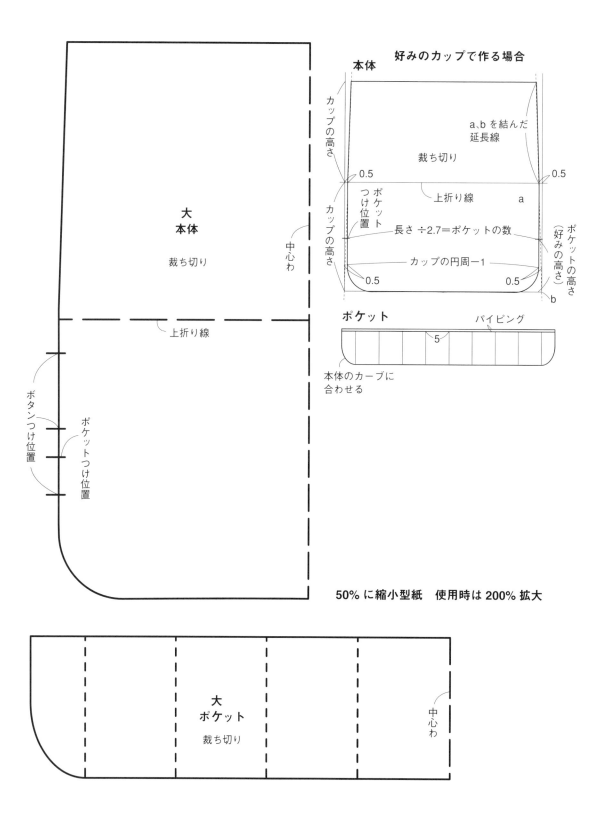

好みのカップで作る場合

本体

カップの高さ

a、b を結んだ
延長線

裁ち切り

0.5　　　　　　　　　0.5

ポケットつけ位置

上折り線　　　a

カップの高さ

長さ÷2.7＝ポケットの数

カップの円周ー1

ポケットの高さ（好みの高さ）

0.5　　　　　　　0.5

b

大
本体

裁ち切り

中心わ

上折り線

ボタンつけ位置

ポケットつけ位置

ポケット

パイピング

5

本体のカーブに
合わせる

50% に縮小型紙　使用時は 200% 拡大

大
ポケット

裁ち切り

中心わ

50% に縮小型紙　使用時は 200% 拡大

谷折り線

中心わ

ポケットつけ位置

上折り線

ボタンつけ位置

小
本体

裁ち切り

小
ポケット

裁ち切り

中心わ

好みのカップで作る場合

本体

カップの円周－1

カップの高さ

谷折り線

内ポケットの高さ
（好みの高さ）

カップの高さ

カップの円周－2

裁ち切り

上折り線

カップの高さ

カップの円周－1

ポケットつけ位置

ポケットの高さ
（好みの高さ）

この長さ ÷2.7＝ ポケットの数
（両端のサイズに注意）

ポケット

パイピング

5

本体のカーブに
合わせる

材料
本体A用布2種（本体B分含む）各35×20cm　へた用布15×10cm
本体A裏布45×20cm　本体B裏布25×20cm　接着キルト綿40×
20cm　長さ20cmファスナー1本

作り方のポイント
＊へたを作るとき、切り込みは下側に入れる。

作り方
①本体Aに接着キルト綿を貼り、キルティングする。
②本体Aと裏布を中表に合わせ、返し口を残して周囲を縫う。
③表に返して、返し口をまつってとじる。本体Bは接着キルト綿を貼ら
ずに、同様に縫う。
④本体AにBを重ねて縫う。
⑤本体の内側にファスナーを縫いつける。
⑥本体を中表に合わせ、縫い止まり位置から縫い止まり位置まで巻き
かがりで縫う。
⑦へたを作ってつける。

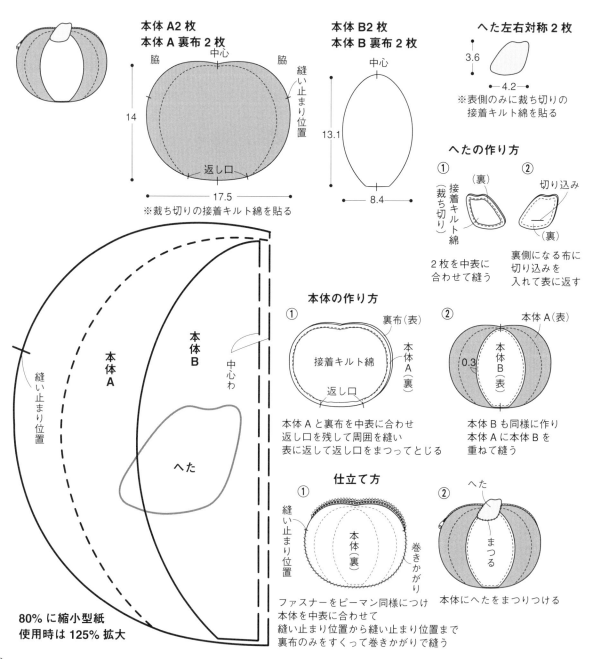

本体A2枚
本体A裏布2枚
脇　中心　脇
縫い止まり位置
14
返し口
17.5
※裁ち切りの接着キルト綿を貼る

本体B2枚
本体B裏布2枚
中心
13.1
8.4

へた左右対称2枚
3.6
4.2
※表側のみに裁ち切りの
接着キルト綿を貼る

へたの作り方
①接着キルト綿（裏）（裁ち切り）
2枚を中表に
合わせて縫う
②切り込み（裏）
裏側になる布に
切り込みを
入れて表に返す

本体の作り方
①裏布（表）
接着キルト綿
返し口
本体A（裏）
本体Aと裏布を中表に合わせ
返し口を残して周囲を縫い
表に返して返し口をまつってとじる
②本体A（表）
0.3
本体B（表）
本体Bも同様に作り
本体Aに本体Bを
重ねて縫う

仕立て方
①縫い止まり位置
本体（裏）
巻きかがり
ファスナーをピーマン同様につけ
本体を中表に合わせて
縫い止まり位置から縫い止まり位置まで
裏布のみをすくって巻きかがりで縫う
②へた
まつる
本体にへたをまつりつける

中心わ
本体A
本体B
へた

80%に縮小型紙
使用時は125%拡大

材料

本体A用布2種（本体B分含む）各30×20cm　本体A裏布（本体B裏布分含む）55×20cm　接着キルト綿35×20cm　接着芯20×20cm　長さ20cmファスナー1本

作り方のポイント

＊各パーツを表に返すとき、縫い代に切り込みを入れる。

作り方

①本体Aと裏布を中表に合わせ、返し口を残して周囲を縫い、接着キルト綿を貼る。

②表に返して返し口をまつってとじ、口側をステッチする。

③本体Bを作る。

④本体Aに本体Bを重ねて縫う。

⑤本体の口にファスナーをつける。

⑥本体を外表に合わせ、縫い止まり位置から縫い止まり位置までかがる。

⑦本体Bの下同士をかがる。

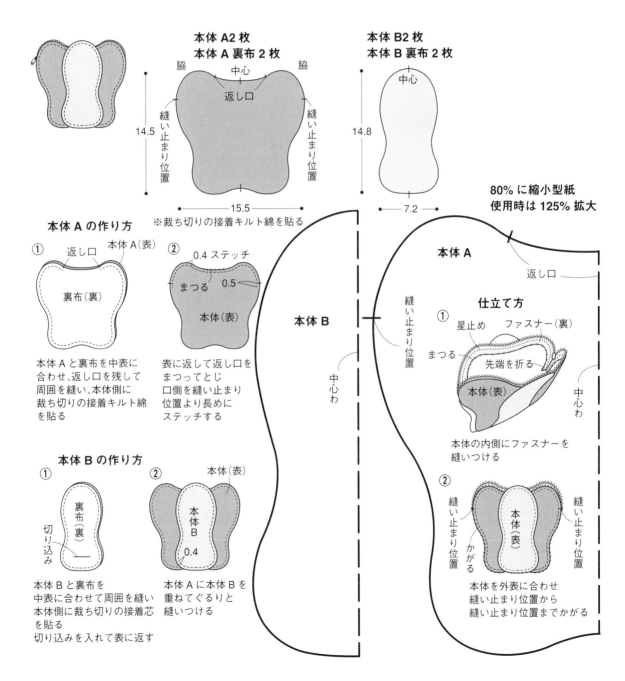

材料

リンゴ　本体用布6種各10×15cm　葉用布2種、キルト綿各10×
10cm　手芸綿適宜

洋梨　本体用布5種各10×15cm　葉用布4種、キルト綿各10×
10cm　手芸綿適宜

作り方のポイント

＊下をぐし縫いしてから、上に出す糸は切れないように2本取りにし
てもよい。

作り方（共通）

①返し口を残して本体用布を接ぎ合わせる。

②表に返して綿を詰め、返し口をぐし縫いして引き絞る。

③②の糸を内側を通して上に出し、引き気味にして縫い止める。

④葉と茎を作って縫いつける。

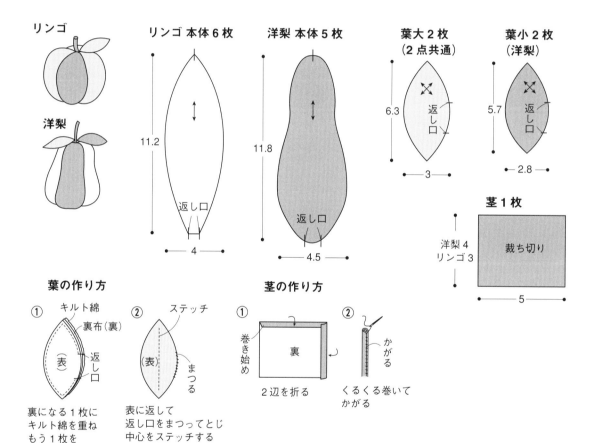

葉の作り方

① 裏になる1枚に
キルト綿を重ね
もう1枚を
中表に合わせて
返し口を残して縫う

② 表に返して
返し口をまつってとじ
中心をステッチする

茎の作り方

① 2辺を折る

② くるくる巻いて
かがる

仕立て方

① リンゴは6枚、
洋梨は5枚を順に
中表に合わせ
返し口を残して縫う

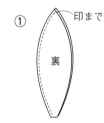

② 底から綿を詰め
底の周囲をぐし縫い
して引き絞る

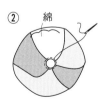

③ ②の糸を内側を通して上に出し
引き気味にして縫い止める
糸は切らずに残す

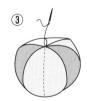

④ 葉と茎をくぼみに
縫いつける

実物大型紙

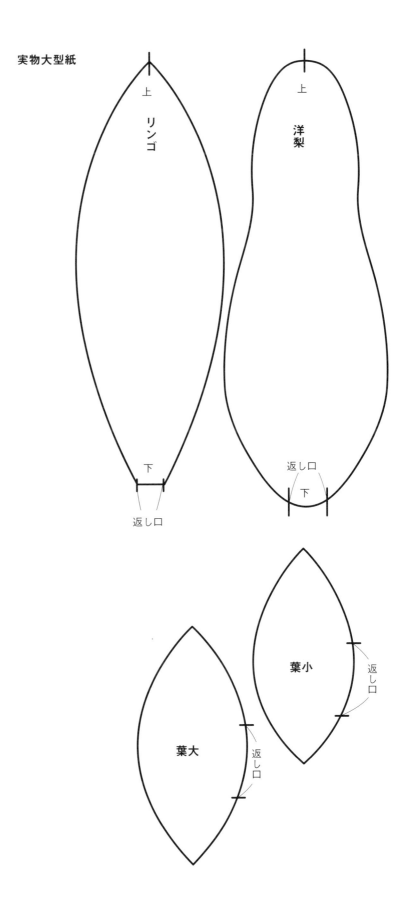

上　リンゴ

下
返し口

上　洋梨

返し口
下

葉小
返し口

葉大
返し口

基本の四角つなぎのポーチ　　　　　　　　出来上がり寸法　黄10×10cm　緑10×10cm

材料

共通　本体用はぎれ各種

黄　本体後ろ用布15×15cm　裏布、接着キルト綿各25×15cm
長さ14cmファスナー1本

緑　本体後ろ用布15×15cm　裏打ち布、接着キルト綿各15×25cm
幅3cmバイヤステープ70cm

グレー　中袋用布15×25cm　幅3.5cmバイヤステープ50cm　長さ
14cmファスナー1本

作り方のポイント

＊グレーのファスナーのつけ方と仕立て方は20ページ参照。

作り方

黄、緑、グレー

①ピーシングをして本体（本体前）のトップをまとめる。黄の本体後ろのトップは一枚布。

②トップに接着キルト綿を貼る。

③黄は裏布を中表に合わせて周囲を縫い、表に返して返し口をコの字とじでとじる。本体前と後ろを中表に合わせて巻きかがりで縫い、口にファスナーをつける。

④緑は裏打ち布を重ねてキルティングし、周囲をパイピングで始末する。中表に合わせて脇を巻きかがりで縫う。

⑤グレーは口をパイピングで始末し、中表に合わせて脇を巻きかがりで縫い、マチを縫う。中袋も中表に合わせて脇を縫い、マチを縫う。口にファスナーをつけ、本体に中袋を入れてファスナーにまつりつける。

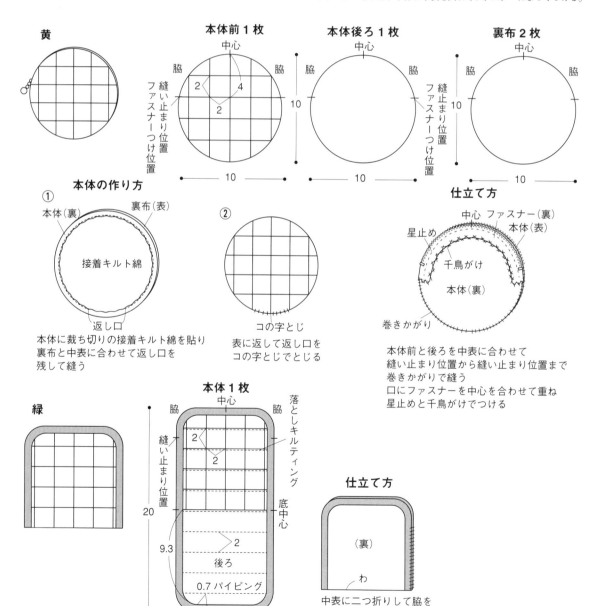

基本の四角つなぎのポーチ 　出来上がり寸法　グレー8×10×4cm　青8×14×4cm　赤高さ10cm底直径6cm

材料
共通　本体用はぎれ各種
青　中袋用布、接着キルト綿各20×25cm　長さ14cmファスナー
1本
赤　底用布10×10cm　中袋用布、接着キルト綿各30×15cm　ひ
も用布30×5cm

作り方のポイント
＊青のファスナーのつけ方と仕立て方は20ページ参照。

作り方
青、赤
①ピーシングをして本体のトップをまとめる。赤の底のトップは一枚布。
②トップに接着キルト綿を貼る。
③青は本体と中袋でファスナーをはさんで縫い、口にステッチをして脇
とマチを縫う。返し口から表に返して返し口をとじる。
④赤は本体を筒に縫い、底と中表に合わせて袋に縫う。中袋も返し口を
残して同様に縫う。本体と中袋を中表に合わせて口を縫い、返し口から
表に返して返し口をコの字とじでとじる。ひもを作り後ろに縫いつける。

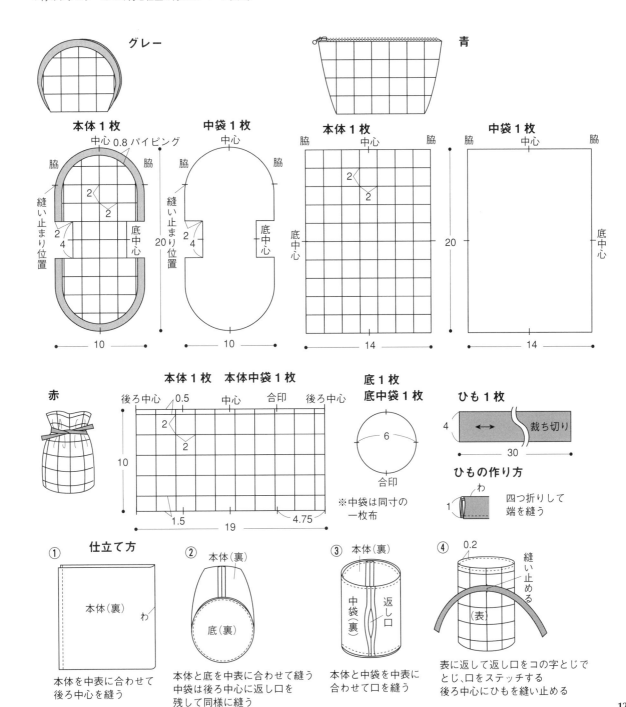

材料

白　本体用はぎれ各種　ファスナーマチ用布（底マチ、タブ分含む）30×20cm　裏布、接着キルト綿各30×35cm　幅3.5cmバイヤステープ100cm　長さ20cmファスナー1本

作り方のポイント

＊本体と本体裏布はしつけで仮止めしておいてもよい。

作り方

白
①ピーシングをして本体のトップをまとめる。
②本体のトップとファスナーマチ、底マチに接着キルト綿を貼る。
③タブを作る。
④ファスナーマチを作り、底マチと輪に縫う。
⑤本体とマチを中表に合わせて縫い、縫い代をバイヤステープでくるんで始末する。

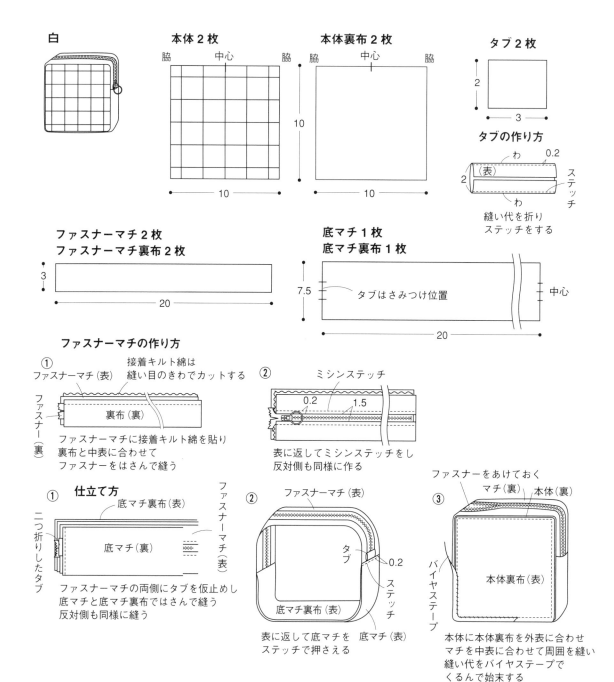

実物大型紙

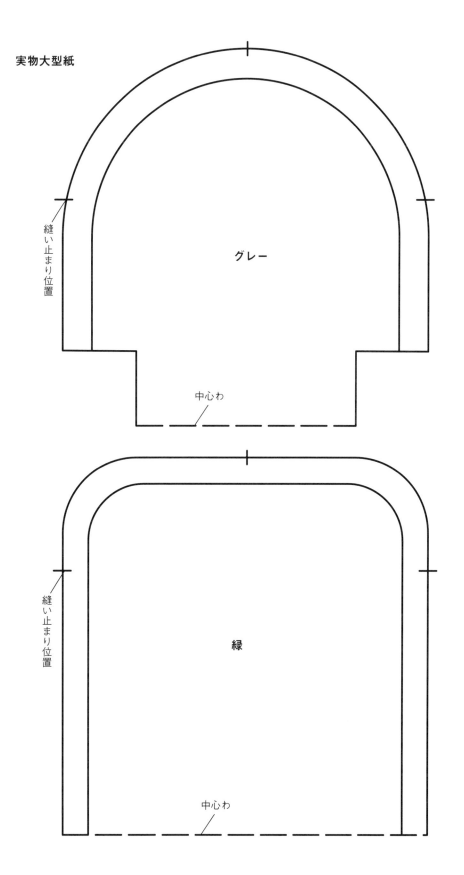

グレー

縫い止まり位置

中心わ

緑

縫い止まり位置

中心わ

作者紹介

石川さちこ
小島千珠子　　Instagram：@kotaroco
嵯峨暁子　　　佐賀県佐賀市若楠2-8-12　オーク・リーフ
　　　　　　　tel.0952-32-5523
佐々木文子　　Instagram：@momcocoabrown
ナヲミ　　　　Instagram：@naomisews
Sankaku Quilt　Instagram：@sankakuquilt
早崎麻利子　　Instagram：@quiltcottage_jp
福田浩子
細尾典子　　　Instagram：@norico.107
松本祥子　　　Instagram：@shoshomtmt
教室は各インスタグラム、
または編集部にお問い合わせください。

Staff

撮影　　松元絵里子
　　　　山本和正（プロセス撮影）
デザイン　橘川幹子
作図　　大島幸
編集　　恵中綾子
　　　　（グラフィック社）

おうちのはぎれで作る 実用小物 60
今すぐ作れる　かわいいアイデアがいっぱい

2023年11月25日　初版第1刷発行

編　者：グラフィック社編集部
発行者：西川正伸
発行所：株式会社グラフィック社
　　　　〒102-0073
　　　　東京都千代田区九段北1-14-17
　　　　tel.03-3263-4318（代表）
　　　　　　03-3263-4579（編集）
　　　　fax.03-3263-5297
　　　　郵便振替　00130-6-114345
　　　　http://www.graphicsha.co.jp

印刷・製本：図書印刷株式会社